LA VENGANZA DE LOS NERDS

(¿Viste que en las películas de nerds siempre terminan ganando?)

Bueno, no.

POR LEO PICCIOLI

Copyright © 2012 Leo Piccioli
All rights reserved.

ISBN-13: 978-1470093716
ISBN-10: 1470093715

Contenido

Introducción	5
Unir los puntos y hablar en público	7
Charles	13
El comienzo de esta historia	17
¿Por qué hablar en público?	19
"Hay dos tipos de oradores: los que se ponen nerviosos y los mentirosos"	25
El escalofrío	27
Ni una palabra	33
Vaya nomás, Piccioli	37
Murmullo Descuidado	41
Tonto pero no tanto	43

Yo tengo el poder (He - Man) — 47

Golpear las puertas — 51

"Vos no sabés manejar gente"... Eso dolío — 57

2002: Vendiendo Officenet – o no — 59

Inventar oportunidades — 63

Cocoricó jaja — 69

Práctica, nada más que práctica — 75

Mi proceso creativo — 77

Foco en la diapositiva — 81

En el principio fue la Revolución Industrial y Dios vio que era bueno. — 89

Bibliografía, pero no tanto — 91

Agradecimientos y Contacto — 95

Introducción

Como un juego vi como, desde mi infancia, el titiritero incorregible que es el destino unía puntos hasta formar una figura: el **hombre que soy hoy**.

Así el niño invisible y desdibujado del pasado revivió en las primeras páginas. El pasado de un niño de intelecto iluminado, algo desgarbado y sin gracia.

Y un día el niño se hizo hombre y en el camino tomó un lápiz y reescribió su propio destino.

Una novela, autobiografía, ficción, tal vez un poco de cada género.

Lo más importante es que con cada página que leas te sientas parte de mi pequeño mundo. Un mundo que se puede moldear, adaptar, mejorar.

Compartirlo es al mismo tiempo un placer y un punto clave en el dibujo. **Gracias por leerlo.**

Unir los puntos y hablar en público

Todos hemos jugado alguna vez a *unir los puntos*, ese pasatiempo que consiste en ir trazando líneas entre distintos puntos de una página hasta formar una figura que era invisible antes de que la definiéramos mediante los trazos de nuestro lápiz.

Sin importar de qué figura se trate (el ratón Mickey, un globo aerostático, una flor, una cara sonriente) en cualquier caso el efecto es sorprendente. La imagen estaba allí desde el comienzo. En realidad la imagen no necesita de nosotros para existir, somos nosotros quienes necesitamos conectar los puntos para poder verla.

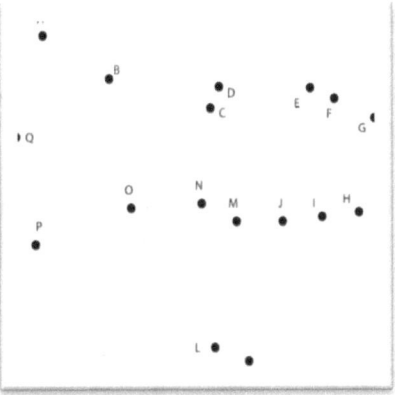

Ese pasatiempo infantil contiene una metáfora poderosa.

Imaginemos un ejemplo: el de un estudiante pobre que se ve obligado a abandonar sus estudios universitarios por falta de recursos. Ha hecho todo lo posible para no tener que tomar esa decisión: se propuso ganar algo de dinero extra reciclando botellas como los cartoneros que vemos deambular cuando cae la noche sobre la calle Corrientes; para ahorrar otro tanto duerme en el piso de la habitación de un amigo, hace largas caminatas para economizar hasta los pocos centavos que cuesta el autobús... Pero pese a todos estos esfuerzos no logra evitar lo inevitable: llega el momento de abandonar los estudios.

Deja todas las materias solo que en vez de irse por completo de la universidad elige asistir a las clases de caligrafía. No era una materia que le sirviera para nada, no formaba parte de su currículum y mucho menos ahora que había abandonado la facultad.

Simplemente decide escuchar las clases de caligrafía por gusto, atraído por la belleza y la elegancia de algunos posters que había visto publicados en la facultad.

Es una magra consolación, algo que puede parecer hasta un sinsentido. Y ahí tenemos a nuestro estudiante pobretón estudiando las distintas variedades tipográficas como un simple amateur (alguien podría pensar más crudamente, como un *loser*).

Pasan los años y nos encontramos con este ex estudiante fallido, ya adulto, hablando ante un público nutrido. Y explicando *cómo ha unido los puntos.*

Lo dice así, aunque en inglés: *connecting the dots.*

Este pobre fracasado habla ante otros estudiantes ciertamente más afortunados que él. Y les explica que de alguna manera, misteriosa e incomprensible en aquel entonces, ese curso de caligrafía le dio un impulso decisivo en la dirección que poco después iba a tomar su vida.

Pero ¿por qué nos importarían las anécdotas de un pobre estudiante que nos cuenta su hobby?

Tal vez su nombre aclare un poco los tantos: ese chico que no tenía ni donde dormir es Steve Jobs, el fundador de Apple, uno de los hombres más exitosos y creativos de todos los tiempos, alguien que revolucionó nuestra sociedad, además de un empresario inmensamente rico.

Steve Jobs, que jamás se recibió de nada, está pronunciando el discurso de graduación ante los estudiantes de la Stanford University y les dice: *unan los puntos*.

Llega un momento en nuestras vidas en el cual, retrospectivamente, unimos los puntos que nos permiten ver la imagen de conjunto, establecemos las conexiones que configuran un mapa de nuestro recorrido.

Con este libro me propongo algo parecido. Poner a tu disposición mi propio camino, la manera en la cual yo he unido los puntos.

Si estás leyendo esto es porque pensás, al igual que yo, que hablar en público es una herramienta fabulosa que puede abrirte muchas puertas.

Puede que no tengas claro aún por qué es así o que no seas del todo consciente de qué tipo de empuje necesitás. Eso solo quiere decir que no te ha llegado todavía el momento de unir los puntos de tu propio trayecto.

Pero estoy seguro de que estás en camino.

Y eso mismo es lo que tengo para ofrecerte: un camino, el mío. No porque sea el único y mucho menos el mejor sino porque puede serte útil ver desplegado un proceso de años de marchas y contramarchas que me ha conducido hasta aquí.

Este libro no contiene recetas mágicas ni soluciones rápidas.

Es simplemente un esfuerzo por compartir con vos mi experiencia y las dificultades que fui encontrando a lo largo del camino, con la esperanza de que un día puede ser un punto en tu dibujo.

Es probable que vayas a toparte o hayas atravesado las mismas dificultades que yo y confío en que algunos de los consejos prácticos de este libro te ahorren algo de tiempo y te ayuden a evitar algunos errores.

Con este libro no me propongo presentar un método más, uno de los muchos métodos "infalibles" para hacer una presentación en público. Si eso es lo que estás buscando, te recomiendo el libro *Presentation Zen*[1], de Garr Reynolds, que tiene una perspectiva más bien filosófica o, si sos un poco más metódico, el *Extreme Presentation Method*[2].

Por mi parte, creo que *no hay ningún método que sea infalible* para hablar en público. Y, por la misma razón, tampoco pienso que haya especialistas que tengan una solución válida para todos los casos.

De lo que se trata es de analizar cada caso, pensarlo a fondo y transmitir los conceptos, las ideas, las experiencias, los trucos y las técnicas que puedan ser útiles a los demás, en situaciones o contextos muy distintos entre sí.

Eso pretende ser este libro, un compendio de experiencias personales (las mías) y las reflexiones y las ideas generales (válidas para todos) que me suscitaron.

Por cierto, este no se propone ser un libro de *autoayuda* del estilo de *Cómo tener un millón de amigos*, de Dale Carnegie[3]. Otra vez, si eso es lo que estás buscando, hay una extensa y abundante bibliografía que podés consultar.

---

[1] http://www.presentationzen.com
[2] http://www.extremepresentation.com
[3] De hecho, Dale Carnegie tiene una historia de vida admirable. Nació muy pobre y a partir de su esfuerzo como vendedor fue creciendo en la venta de panceta, jabón y grasa. Luego de estudiar actuación comenzó a dar clases de Oratoria en la YMCA… Hasta convertirse en el curso más famoso de Oratoria y de Venta durante décadas.

Este libro aspira a algo distinto y habrá cumplido su misión solo si, cuando termines de leerlo, llegás a decirte: *Si Leo pudo, yo también puedo. Lo único que necesito es encontrar mi propio camino.*

Porque en definitiva, solo se trata de eso, de que recorras *tu* camino, único e irrepetible, sabiendo que solo lo vas a ver con claridad cuando te des vuelta.

Otra vez, no te ofrezco fórmulas infalibles ni tengo escondida ninguna varita mágica. El desafío que te propongo no es el de quedar a merced de supuestos especialistas, autoproclamados gurúes o, simplemente charlatanes. No necesitás ninguna de esas muletas para dar tus primeros pasos.

Este libro no es ni quiere ser una muleta virtual, ni un manual de cómo hablar en público en treinta días.

Es, ni más ni menos que mi propia historia, una especie de autobiografía. Desde un cierto punto de vista es solo la historia de un nerd que se armó de coraje para hablar en público. Y, sin embargo…nunca te rías de un nerd, puede convertirse en tu jefe[4].

Eso es lo que pretendo contarte: la historia de un adolescente muy tímido que sudaba frío ante la idea de hablar en público. Ese adolescente se transformó en el adulto, profesional exitoso que soy hoy.

Sigo siendo tan nerd como antes pero disfruto del éxito y la paso muy bien hablando en público.

¿Entonces lo que tenés entre tus manos sería una novela? ¿Una ficción cuyo título podría ser *La vida de Leo*? Ojalá puedas leerlo como una novela o como una colección de cuentos. Una novela o unos cuentos escritos desde *un punto de vista:* cómo hablar en

---

[4] Frase comúnmente atribuida a Bill Gates.

público. Interacalados con docenas de sugerencias para que las cosas salgan cada vez mejor.

A propósito de historias, quiero contarte una que tiene que ver con este libro. Es la historia de Charles Atlas...

CHARLES

Si naciste después de 1975 es probable que nunca te hayas topado con este nombre, ni con la historieta *Archie*.

Charles Atlas era un niño esmirriado del sur de Italia. Cuando tenía poco más de diez años su familia emigró, como tantas otras, a los Estados Unidos en busca de un futuro mejor. La infancia de Charles Atlas (que todavía no se llamaba Charles Atlas) estuvo llena de contratiempos: era uno más de los cientos de calabreses que se buscaban la vida en Brooklyn, no hablaba inglés, no tenía donde caerse muerto. En fin, una infancia que ninguno de nosotros envidiaría.

Pero lo que más atormentaba a Charles (que todavía se llamaba Angelo Siciliano) no era la pobreza, ni su inglés balbuceante, ni el origen humilde de su familia. Lo que realmente lo hacía sufrir era su estado físico: el pequeño Angelino era un auténtico alfeñique, debilucho, con muchos problemas de salud.

Imaginate las burlas, el acoso de sus compañeros de una escuela suburbana, casi todos inmigrantes como él, muchos de ellos marginales. Charles llegó a sufrir tanto por su condición que trataba de evitar la escuela cada vez que podía y llegó a abandonarla durante largos períodos de tiempo.

Pero esto no era algo que su familia pudiera permitirse. Necesitaban de Charles para progresar en el inmenso y nuevo país. Charles no tenía otra opción que enfrentarse a su problema. Pero ¿cómo encarar a los salvajes que lo acosaban, él que era flaco como un grisín?

Charles vivía en la desesperación hasta que ocurrió algo que cambió su vida. Un día, sus compañeros recargaron la dosis. El acoso se intensificó y de las burlas, los empujones y las tocadas de culo pasaron a propinarle una auténtica paliza que lo dejó a Charles maltrecho, con todos los huesos doloridos.

Había llegado el momento de decir basta.

En el museo de Brooklyn había visto una estatua de Heracles, el forzudo dios griego. Charles tuvo una iluminación: *con Heracles no se jode. Mi camino es ser Heracles.* Con la imagen del dios musculoso en la cabeza, Charles se inscribió en el gimnasio de la YMCA y se dedicó a una rutina extenuante.

Pero sus esfuerzos no parecían dar resultados. Claramente la metamorfosis en dios todopoderoso no ocurría y seguía padeciendo de una debilidad extrema. El gimnasio no era su camino.

Lejos de desanimarse, Charles buscó una vuelta de tuerca. Y la encontró muy rápido: un tigre.

Sí, un tigre. Charles vio un tigre y *pensó*.

Pensó que el tigre era una bestia poderosísima que no necesitaba del gimnasio para ser un animal temible. Charles entendió que el tigre ejercitaba sus músculos poniéndolos en tensión, unos contra otros, usando sus propios músculos como pesas.

Enfocado en su problema, Charles había encontrado *su propio camino:* convertirse en tigre.

Abandonó el gimnasio y desarrolló un sistema para ejercitar sus músculos en casa, siguiendo el principio de poner los propios músculos en tensión.

Fin de la historia: un año después de haber sido apaleado, Charles le propinó una tunda a sus acosadores que los dejó llenos de hematomas y con pocas ganas de volver a molestarlo.

El alfeñique Angelino se había convertido en Charles Atlas, uno de los más famosos atletas de fuerza, fundador de varias empresas y marcas, ícono del deporte, inspirador de historietas y creador de un método válido todavía hoy.

¿Pero qué tiene que ver su historia con este libro? Bueno, mucho.

En primer lugar, una anécdota: el título de este libro iba a ser algo así como *Yo era un alfeñique hasta que con el método de Charles Atlas cambié mi vida.*

Claro, me bocharon el título y es probable que con razón.

Pero sigo creyendo que hay muchos elementos en esta historia que vale la pena rescatar.

El primero: cualquiera puede lograr cualquier cosa que se proponga. Si un **alfeñique** como Angelo pudo convertirse en Charles Atlas y **si un nerd como yo pudo crecer como crecí, eso quiere decir que vos también podés hacerlo.**

El segundo: no hay métodos ni técnicas prefijadas que valgan para todos. Charles encontró su camino, imitando al tigre. Yo encontré el mío[5]. Vos podés encontrar el tuyo con solo prestar un poco de atención.

---

[5] escucho sugerencias para el animal que pueda representar mi camino ;-)

Tercero y último: tenés que focalizarte. Charles se vio reflejado en Heracles primero y en el tigre después porque estaba *concentrado* en su problema. De lo contrario, habría seguido de largo y habría muerto siendo un alfeñique.

Eso es este libro: mi historia focalizada en cómo hablar en público. Estoy seguro de que los trucos y los consejos que siguen te serán de ayuda. Pero probablemente te resulte más útil todavía mi experiencia personal, el recorrido que tuve que hacer para llegar, felizmente, hasta donde estoy ahora.

Podés leer este libro como un ensayo, una novela, una sucesión de cuentos.

Ojalá te sirva para contar con éxito tus propias historias.

El comienzo de esta historia

Las Vegas, el estadio de básquet del lujoso *Mandalay Bay* abarrotado de gente.

Joss Stone se baja descalza del escenario entre aplausos. Está radiante, de una belleza tan intensa como la música que acaba de cantar.

Llega ahora el momento del discurso de apertura. De repente, el estadio colmado está en silencio. Se encienden los reflectores. Miles de personas expectantes dirigen su mirada al hombre parado en el escenario.

El discurso termina. Miles de personas aplauden de pie.

Están aplaudiendo...mi discurso.

Me bajo del escenario, temblando de euforia.

Las luces vuelven a apagarse cuando John Cougar sube al escenario para seguir con el recital.

Justo cuando Cougar toca sus primeros acordes se me aproxima un hombre sonriente, me estrecha la mano con fuerza mientras con la otra me da unas palmadas en el hombro.

Casi gritando a causa de la música, me dice: *This is the best opening ceremony ever!*

Es el CEO de Staples, un líder al que siempre admiré.

Cuando lo pienso me da escalofríos. ¿Cómo hice para llegar ahí?

Yo, un nerd cuya timidez le impidió siempre encarar a una chica, ¿qué hago allí compartiendo el escenario con Joss Stone, hablando ante miles de personas, en inglés y logrando suscitar semejante entusiasmo? ¿Acaso fue algo planeado?

Retrospectivamente, podría haberlo sido.

Desde donde estoy hoy puedo reconstruir cada paso, cada nuevo descubrimiento, cada pequeño detalle, cada truco. Puedo identificar el momento en el que adquirí cada herramienta, en el que se me reveló cada secreto.

Pero, lo más importante de todo, puedo ver cómo se fue aflojando el miedo de hablar en público.

El miedo. Vencer ese temor a pararse ante los demás, a dirigirles la palabra y a seducirlos, ese ha sido el un logro inmenso, que cambió mi vida para siempre.

Con el tiempo tuve el deseo de compartir mi camino con los demás, para que otros pudieran lograrlo también.

Lo cierto es que yo no era consciente de cada paso que daba. Sabía que lo estaba dando, sentía que lo estaba dando. Pero ignoraba el recorrido que estaba trazando y, desde ya, ignoraba lo que me esperaba al final del camino.

Ahora lo sé. Y estoy en condiciones de calibrar el peso y la relevancia de cada paso de un camino que me ha llevado años recorrer.

¿POR QUÉ HABLAR EN PÚBLICO?

Tal vez, antes de seguir adelante, lo mejor sea que empieces por preguntarte cuáles son las razones que tenés para hablar en público. Naturalmente, yo no me hice esta pregunta hasta hace poco.

Como dije antes, mi camino estuvo lleno de tanteos, pruebas, idas y vueltas que me condujeron hasta aquí.

Pero, retrospectivamente, veo que es posible hacerse esa pregunta, enumerar esas razones y, en función de ellas, desarrollar las estrategias más adecuadas para alcanzar el éxito.

Aquí va mi lista de posibles razones. Estoy seguro de que vos podrás agregar o quitar motivos o cambiar el orden de la jerarquía.

Pero esta es mi lista y, también estoy seguro, puede ayudarte a ordenar las ideas y a desarrollarlas.
Veamos.

1. **Tenés un mensaje.** Hablar en público, hacer una presentación supone tener un mensaje concreto que queremos transmitir. Esto puede parecer una perogrullada pero te asombrarías de ver cuánta gente fracasa al hablar en público simplemente porque no tiene claro cuál es el mensaje que quiere comunicar.

> Sugerencias: en estos recuadros encontrarás docenas de sugerencias para cuando te toque hablar en público. Te recomiendo revisarlas periódicamente.

Es en función del mensaje que estructuraremos nuestro discurso. Podemos pensar una presentación en público como una venta. Pero para que alguien compre tu mensaje, debe quedar claro qué es lo que estás vendiendo.

2. Querés mostrarte. Siguiendo con la idea del mensaje como venta, podemos pensar que al vender un mensaje, en realidad también te estás vendiendo a vos mismo. Ya sea que hables sobre la defensa de los glaciares o promociones una marca de cigarrillos, en ambos casos estarás, al mismo tiempo, promocionándote a vos mismo, tu capacidad de transmitir una idea, de seducir, de convencer, el entusiasmo con el que lo hacés, etcétera.
Esta idea es clave porque puede abrirte muchas puertas en el futuro. Resumamos diciendo que, al mostrar tu mensaje te estás mostrando para tener, en adelante, un público todavía mayor.

3. El desafío. Este es un aspecto que, bien visto y bien aprovechado, puede traerte beneficios enormes. El temor a hablar en público es una patología tan común que hasta tiene su designación médica: glosofobia. La glosofobia, como todas las fobias, afecta a nuestro organismo (con síntomas físicos más o menos graves) pero sobre todo entraña un gran número de efectos colaterales indeseados. El temor a hablar en público, a ser el centro de atención, aunque sea por poco tiempo y frente a un grupo reducido, lleva a muchas personas a eludir los encuentros sociales, a esquivar a sus pares con las consecuencias nefastas que te podés imaginar para sus relaciones afectivas, sentimentales y, claro, para sus carreras profesionales. Vencer este temor no solo te abrirá muchas puertas sino que te dará una satisfacción que mejorará tu autoestima permitiéndote desarrollarte aún más. Un auténtico círculo virtuoso.

4. La carrera. Por todo lo que dijimos hasta ahora, las ventajas de hablar en público son evidentes para tu desarrollo profesional, sin importar a qué te dediques. Transmitir un mensaje con claridad, vender tu capacidad de comunicación y estrechar los lazos con tus pares y tus superiores son algunas de las ventajas que saltan a los ojos. Y no son las únicas. Mi propia carrera profesional creció exponencialmente desde que perdí el miedo de hablar en público y puse en práctica los trucos que desarrolla este libro.

5. El dinero. La primera vez que me ofrecieron dinero por hablar en público fue en 2009, aunque el proyecto no llegó a concretarse. Unos meses más tarde, la Universidad de Palermo me invitó a dar una charla en un curso llamado *Netbusiness*. Esta vez sí lo hice y recibí 500 pesos (algo así como 130 dólares) por hablar en público.

Doné el dinero a *Tiflolibros.com.ar*, la primera biblioteca digital para ciegos de habla hispana. Como te podrás imaginar, me sentía exultante y lleno de orgullo: por primera vez en mi vida había cobrado por hablar en público (aunque no se tratara de mucho dinero) y tuve la satisfacción de hacer una donación a una entidad que hace un trabajo encomiable.

> ¿Está correctamente instalado el ppt? ¿Funciona? No confíes en los organizadores. Abrilo en la computadora que vas a usar, hacé una prueba. Pero antes asegurate de haber desactivado el proyector. No querés que nadie vea tu presentación de antemano y mucho menos las fotos de tus últimas vacaciones.

6. Por puro placer. Esto se conecta directamente con el punto 3, el desafío. El solo hecho de animarte a hablar en público genera una adrenalina que te llena de satisfacción. La gente percibe eso y ya tenés el aplauso casi asegurado. Algo que, a su vez, te carga más de adrenalina y satisfacción. Es un fenómeno que los actores conocen muy bien. Al terror escénico, antes de la función, le sigue el placer físico y espiritual de la misión cumplida y de la aprobación del público. Hay estudios que sostienen que se trata de una sensación similar a la del placer sexual. En todo caso, se trata de un placer que te llena de energías y realza tu autoestima como ningún otro.

7. Compartir. Poder compartir con los demás lo que pensás, poder transmitir una idea o un sentimiento, lograr la comprensión de los otros, convencerlos, motivarlos. Son todas experiencias maravillosas en las que te abrís al mundo, estrechando los lazos con quienes te rodean.

8. Conocimiento. Es un dicho común que nunca aprendemos tanto algo como cuando queremos enseñárselo a alguien. Y es verdad. Al hablar en público te relacionás con el tema de una manera distinta, mucho más profunda, te involucrás con cada detalle de la argumentación, anticipás las posibles objeciones, los eventuales obstáculos y sus soluciones. Hablar en público potencia el conocimiento. Y no solo de los temas sino también de la gente. Al hablar, le estás hablando a alguien. Y a alguien interesado en el tema del que estás hablando y, por lo tanto, alguien interesante para vos. Hablar en público es una fabulosa fuente de conocimiento, en todos los sentidos.

Como podés ver, la pregunta acerca de cuáles son las razones para hablar en público no es una pregunta banal. Bien pensado, casi ninguna pregunta lo es.

Este es un esbozo de mis razones. Volveré a ellas más adelante,

---

¿Cómo desactivar el proyector? Una posibilidad que nunca falla es a lo bruto, apagándolo. Pero el proceso de apagado y encendido puede demorar hasta 5 minutos así que lo mejor es desactivar la salida de la computadora. De última, desenchufá la conexión de la computadora al proyector, pero alguien se va a enojar. Alternativa casera: poné una hoja o una taza delante del proyector. La hoja puede quemarse, y la taza calentarse, pero funciona.

entrelazándolas con los aspectos prácticos que fui descubriendo acerca de cada una de ellas, mostrándote cómo mi historia personal se fue forjando dentro de este esquema.

Te invito a que pienses en estas razones y a que agregues las tuyas. Estoy seguro de que el resultado te servirá – y mucho – para definir las coordenadas de tu propio camino.

"HAY DOS TIPOS DE ORADORES: LOS QUE SE PONEN NERVIOSOS Y LOS MENTIROSOS"

La frase de Mark Twain que acabás de leer resume mi experiencia personal sobre el tema.

El temor de hablar en público pareciera ser algo ancestral que compartimos casi todos los miembros de la especie humana.

En 1977, el *Libro de las Listas*, de David Wallechinsky, et al., publicó un ranking de los mayores temores de los norteamericanos. Como podés ver en la horrible imagen que sigue, el hablar en público apareció primero en la lista, con un curioso 41%.

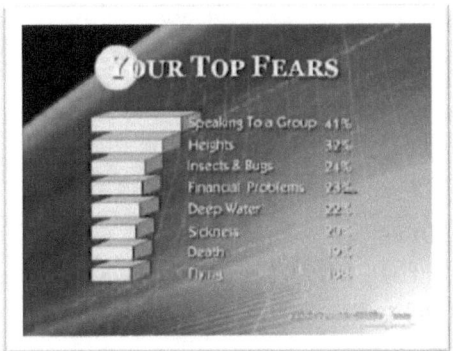

Personalmente, desconfío de estos resultados[6] y de la investigación que los sustentan pero lo cierto es que gracias a trabajos como estos, el miedo a hablar en público se ha convertido en una especie de mito urbano.

La verdad es que esta investigación les vino de perlas a los "expertos" en cómo hablar en público.

---

[6] Parece ser que esa lista fue realizada por "investigadores de mercado" a 3000 personas en EEUU, sin explicitar la forma de seleccionarlos y con la pregunta abierta "¿Qué es lo que más temés?". Recomiendo para quien le interese el tema el libro de 1954 "Cómo mentir con las estadísticas" (http://en.wikipedia.org/wiki/How_to_Lie_with_Statistics), con el que podés asegurarte de no caer en este tipo de trampas.

Después de todo, se trata de una poderosísima herramienta de marketing. Si tanta gente teme hablar en público alguna razón habrá. Ergo, yo también comienzo a temer hablar en público y, quién sabe, acaso contrate a un experto…

El mundo está repleto de gente que manifiesta su temor a hablar en público… hablando por los codos.

Falacias como estas solo sirven para empeorar las cosas y hacerles el caldo gordo a los charlatanes.

Todo lo que llevo escrito es un intento por desmitificar la idea según la cual hablar en público es algo que nos deba inspirar temor.

Solo deberíamos sentir miedo del miedo. Y ni siquiera eso.

Tenemos que reírnos del miedo. No es nada más que un muro entre nosotros y los demás. Pero ese muro cae hecho pedazos ante la primera risotada.

> ¿Te tomaste un té? Conviene hacerlo antes de hablar, tiene un efecto astringente y relajante. Hay quienes recomiendan tomar un poco de alcohol pero, a menos que estés muy seguro, corrés el riesgo de perder el control. Ah, y evitá las bebidas con gas. Disimular un eructo puede complicarse con un micrófono cerca de la garganta…

El escalofrío

Parecía un día como cualquier otro de mi primaria.

Había terminado bastante rápido con mi tarea y la maestra me dio permiso para leer un libro de historietas.

Con mis ocho años, devoraba cuánto libro o revista me pasara por las manos.

Es algo que heredé de mi madre, una mujer muy culta, alegre y extrovertida.

No tuve la suerte de heredar también estos últimos rasgos de su carácter.

Siempre fui más bien introvertido, como me tocó descubrir ese día de mi segundo grado, que quedó grabado a fuego en mi memoria.

Estaba reconcentrado en la lectura, ajeno al murmullo desordenado de mis compañeros.

Llego a la última página, a la palabra *Fin*.

¿Ya sabés cómo vas a pasar las diapositivas? ¿Usarás un control remoto, lo harás desde la computadora o alguien te asistirá? Este detalle no es menor porque define tus movimientos en el escenario y, a menos que lo tengas planeado, puede afectar tu lenguaje corporal y hacer que la presentación "tartamudee" o que te distraigas en una cuestión técnica que tendría que estar resuelta de antemano. Entonces, probá el control remoto!

Distraído, levanto la vista buscando a mis amigos... y estoy solo en el aula.

Inexplicablemente, estoy solo en un aula que ahora me parece inmensa. Siento un escalofrío.

Todavía hoy, de adulto, hay noches en las me despierto sobresaltado y sé que soñé con esa mañana.

No había rastros de la maestra ni de mis compañeros y sin embargo todavía no podía ser la hora del recreo. Pero esa era la única explicación posible de que estuviera solo.

Confusamente, pensé que por algún motivo no había oído el timbre, no había prestado atención al chirrío de los bancos y al tumulto que siempre se producía cuando bajábamos corriendo al patio de la planta baja.

Recuerdo el esfuerzo que hice para vencer la parálisis y animarme a salir del aula.

En el pasillo del segundo piso no había nadie tampoco. Las baldosas negras del piso resaltaban el vacío.

Ni un alumno, ni una maestra, ni una preceptora a la vista.

Aterrorizado, bajo las escaleras que conducen al patio central. Ahora sí veo a alguien aunque no a quiénes esperaba.

Efectivamente, no era la hora del recreo.

En vez de encontrarme con mis amigos correteando por el patio, lo que veo es una imagen impresionante.

Dos largas filas de alumnos muy grandes, mudos, formados a cada lado de las escaleras.

Los primeros de la fila, los alumnos de séptimo grado, me parecían gigantes inaccesibles.

> ¿Necesitás usar micrófono? ¿Habrá micrófono corbatero? ¿Tenés dónde engancharte el transmisor? ¿El sonido realmente funciona o solo *creen* que funcionará?

Detrás seguían los de sexto y luego los de quinto, dispuestos según un estricto orden descendente.

Camino entre ellos buscando a mis compañeros. **Estoy seguro de que se burlan de mí, creo oír cómo se burlan pero trato de esquivar sus miradas.**

A duras penas recorro las filas y veo que al final están formados los alumnos de cuarto grado. Ni rastros de mis compañeros.

Doy marcha atrás en silencio, cabizbajo, esforzándome por no mirar a nadie.

El silencio era frío y ensordecedor.

Solo cuando terminé de recorrer las filas oí algo familiar, a lo lejos. Reconocí la voz de un compañero que cantaba al final del pasillo.

¡Por supuesto, era la hora de música! ¡El mundo recobraba su orden!

Fui corriendo hasta la pequeña sala en la que mis compañeros se esforzaban por seguir el ritmo de un piano desafinado. ¡Estaba salvado!

Vista desde hoy, esta historia puede parecer una tontería y, sin embargo, me causó una impresión imborrable.

Tardé mucho en compartirla con alguien.

Creo que la primera vez fue unos cuantos años después, en terapia. Me hubiera gustado poder contársela a mi mamá, pero con lo extrovertida que era se hubiera reído de mí.

Aquel fue el día en el que me di cuenta, físicamente, dolorosamente, de que era introvertido y muy tímido.

> Diez minutos antes de empezar con tu presentación, ¿tenés una idea clara de por dónde vas a comenzar? Un primer paso firme asegura el resto del recorrido. Y no se trata solo de que tengas en mente la idea inicial. Los detalles también cuentan: las palabras que elijas, los acentos, los silencios, tu movimiento en el escenario, las pausas.

Mi marcha de ida y vuelta entre esas filas de grandulones desconocidos fue como un rito de pasaje, algo parecido a una iniciación.

Los siete años que pasé en esa escuela estuvieron marcados por mi timidez, pero a partir del cuarto se transformó casi en un calvario por muchos de mis compañeros. Por esa época me comencé a desarrollar. Visiblemente me creció la nariz y la nuez. Y así crecieron las burlas.

Todo comenzó con un cariñoso *"Luni"*, por el lunar que tenía en el cachete (lunar que intenté arrancarme muchas veces hasta sangrar, infructuosamente).

Como me enojaba, el grupo que me hacía burla se fortalecía. El reto en la escuela era parejo, tanto para el que molestaba como para el que era molestado (si pegaba o devolvía de alguna manera). Así que las cosas empeoraron.

No puedo, hoy, dejar de aplaudir la creatividad grupal que mostraron. *Nariguetas, Narigasnada*, fue el principio. *Carozo y Narizota*, el golpe de gracia tiempo después. Los varones solían comenzar, pero algunas chicas se prendían. Y eso dolía todavía más.

Mi enojo crecía. Impotencia total. Intentos de resolverlo a las piñas terminaban en Dirección[7].

Recuerdo una conversación con Mrs. Fletcher, algo así como Secretaria de la escuela, en donde yo le explicaba que los demás "me hacían calentar". Claro, "calentar" no era una palabra que pudiera usar en la escuela. Nuevamente el retado era yo. Y en casa no me ayudaban mucho...

Todo esto no hizo más que incrementar mi frustración y mi timidez. La realidad me aconsejaba no interactuar con otros, no tener amigos, quedarme solo. Por esa época mis mayores deseos pasaban por tener un yeso, aparatos de ortodoncia y anteojos, tal vez por una idea de que eso me haría popular, tal vez porque me sentiría

---

[7] Hoy, por suerte, está instalado en la sociedad el concepto de *Bullying* y muchos trabajan por resolverlo. Estoy convencido de que eso fue lo que sufrí unos años en la primaria y siento mucha empatía con las víctimas.

mejor si me hicieran burla por algo que no es mío sino un accesorio. Lo único que logré fue tener anteojos. Me hicieron feliz un tiempo[8].

---

[8] Fue gracioso cuando alrededor de los 20 años fui al oculista y me dijo que había usado anteojos innecesariamente por 7 años.

NI UNA PALABRA

Tres años después tuve otra oportunidad de enfrentarme cara a cara con mi timidez.

La maestra de inglés de quinto grado nos había pedido un trabajo oral que consistía en atacar o defender durante algunos minutos la famosa *Ley Seca*.

A mí me tocó defenderla.

Recuerdo que hice un trabajo exhaustivo de investigación y mi mamá me ayudó durante días y noches a volcar en unas pocas páginas todos los datos y las ideas que había acumulado.

> Los primeros minutos son como el comienzo de una novela: pueden atrapar a tu auditorio, cautivándolo, o pueden generar dudas que después te costará trabajo remontar.

Mi inglés era realmente bueno, me había informado, había estudiado muchísimo y hasta había visto algunos de los episodios de *Los Intocables*...

Disfruté mucho del trabajo preliminar y estaba listo para cumplir con mi tarea de manera excelente.

Me paré frente a mis compañeros y comencé a leer las páginas que habíamos retocado con mamá hasta la noche anterior[9].

---

[9] Nota histórica: en esa época se escribía con la mano, un bolígrafo y papel. Una vez terminado de corregir, había que pasarlo todo nuevamente. Creo que mi mamá transcribió la versión final, ya que mi letra de zurdo era ilegible. Empeoró con el tiempo.

Las palabras me salían a borbotones, estaba muy concentrado y contento de mi exposición.

No sé cuánto tiempo hablé, un poco menos de diez minutos.

Cuando terminé de leer, alcé la mirada buscando la de la maestra, en espera de su aprobación.

Silencio. Recuerdo el largo silencio de mi maestra.

Tampoco en este caso sé cuánto habrá durado, tal vez unos segundos pero me parecieron eternos.

El *excellent* que esperaba nunca llegó, tampoco un *very good* y ni siquiera un *poor*...

Tras unos larguísimos e incómodos segundos, la maestra me dijo que no había entendido absolutamente nada.

> ¿Tenés una noción precisa de tu mensaje corporal? ¿Qué pensás hacer con tus manos? Sostener un micrófono y pasar las diapositivas manualmente no deja mucho espacio para ser gestualmente creativo. Y los gestos son importantes para que un mensaje llegue eficazmente a tu audiencia.

Not a single word. Ni una palabra.

Y por cierto que mi inglés no era el problema; como dije, lo hablaba muy bien.

Mi maestra no pudo seguir mi exposición simplemente porque no levanté nunca mi cabeza y mis ojos estuvieron siempre fijos en las hojas que leía.

Parecía como si estuvieras escupiendo a las hojas, me dijo mi compañero cuando volví al banco, devastado.

Todo mi trabajo de investigación, las horas pasadas con mamá, todo había sido inútil.

No me sirvió de nada saber quién era *Al Capone* ni conocer la anécdota del hacha de *Carrie Nation*[10].

Había olvidado lo esencial: que le estaba hablando a *alguien* y que mi objetivo era que me *entendieran*.

Otra vez la escuela me propinaba un rito de pasaje.

Y mi lección quedó aprendida: nunca más se me ocurrió leer en público *sin mirar a la audiencia*, ni dar una charla sin buscar *la mirada de mis interlocutores*.

Pero esta no sería la última enseñanza que me dejaría la escuela.

¿Desde dónde hablarás? Detrás del atril da la sensación de ser un experto, pero también alejado del público. El que queda sentado puede estar más cómodo pero le da poca importancia a la charla. Y caminar logra más empatía y contacto pero es más riesgoso.

Algunos años después, en la secundaria, iba a aprender otra lección...

---

[10] Carrie entraba a bares con un hacha a destrozarlos... Había tenido una mala experiencia con su primer esposo alcohólico.

Vaya nomás, Piccioli

Transcurrí mi primaria en una escuela bilingüe que era muy rica, sí, pero no en un sentido que me importara: no era más que una escuela de ricos.

Lo cierto es que su excelencia académica estaba lejos de corresponderse con el nivel socioeconómico de sus alumnos.

Esto es algo que felizmente pude remediar en la secundaria.

Me inscribí en el Carlos Pellegrini y, tras un duro examen, pasé a formar parte de una comunidad muy variada y rica, ahora sí en el sentido que me interesaba: el de la riqueza intelectual y cultural.

Cambié de escuela pero mis problemas de timidez e introversión continuaron.

La incomodidad que me suscitaba hablar en público me trajo más de un dolor de cabeza a lo largo de todos los años de la secundaria, que en el Pellegrini, al igual que en el Nacional Buenos Aires, eran seis en vez de cinco.

Primer año, primer problema: las clases de geografía.

El curso estaba a cargo de una profesora muy exigente que nos hacía pasar casi todos los días al frente.

> ¿Sabés de qué hablaron quienes presentaron antes? Hacer referencia a ellos en tu charla, integrar parte de sus discursos y sobre todo no repetir algo que haya sido dicho son excelentes mecanismos para suscitar el entusiasmo de tu audiencia.

Más de uno de mis compañeros terminaba su exposición entre llantos, así de estricta era la profesora Bacigalupo.

Yo, naturalmente, sufría como un perro apaleado y sudaba frío cuando llegaba mi turno, que esperaba como una vaca hace fila en el matadero, de pasar al frente.

Aunque sabía mucho de geografía y hasta llegó a interesarme, nunca logré obtener una nota superior a 7 y, de pie ante mis compañeros, nunca pude pasar del estadio dubitativo y algo torpe del *movimiento bamboleante uniforme*, como lo llamó un profesor de oratoria que conocí años más tarde.

Como resultado me llevé la materia.

Diciembre, falta poco para las fiestas. Llega el momento del examen oral.

Ante una profesora rigurosamente vestida de negro, como un murciélago, respondo en detalle a todas y cada una de las preguntas.

Después de haberme paseado por todo el programa, la profesora Bacigalupo, finalmente, seria como un francmasón, me dice: *Vaya nomás, Piccioli.*

¿Elegiste bien la ropa? Es importante que estés cómodo y que tu imagen sea acorde al mensaje que vas a transmitir. No importa tanto mimetizarse con la audiencia, sino fortalecer el mensaje. Si querés que te consideren alguien informal, cercano, podés ir con jeans y camisa. Un traje es un buen recurso cuando no sabés mucho del tema, te hace parecer un "experto". Todos estos son mensajes implícitos que tu audiencia va a decodificar, aunque de manera inconsciente.

¡Había terminado el examen, me había sacado de encima la materia y tenía por delante tres meses de vacaciones!

Cuando fui a buscar mi nota, unos días antes de las fiestas, hallé un 2 rojo y redondo como una bolita navideña escrito al lado de mi nombre en la lista publicada en la cartelera.

Sin saber por qué, acababa de obtener un pasaje a marzo y de echar a perder mis vacaciones de verano.

Hoy sé por qué fui aplazado: sabía mucho del tema pero *no logré convencer* a la profesora.

Algo que por cierto no le ocurría a mi amigo Juan Cruz, conmigo en la foto tomada en Nueva York en 1989.

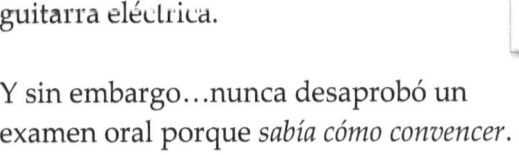

Él sabía mucho menos que yo, casi podría decir que no sabía prácticamente nada de geografía: para Juan, las isobaras y las isotermas podían ser tranquilamente las cuerdas de alguna exótica guitarra eléctrica.

Y sin embargo...nunca desaprobó un examen oral porque *sabía cómo convencer*.

Resultaba sorprendente verlo de pie frente a toda la clase, guitarreando las isohietas con desparpajo, sonriendo tranquilo ante cada pregunta (que nunca contestaba del todo) e hipnotizando a la profesora y a todos nosotros como un verdadero encantador de serpientes.

Claro que no sabía, pero sabía *convencer*. Y esto lo sabía a la perfección.

Ese verano Juan se lo pasó frente al mar, ignorante de las isobaras y las isotermas que causaban el buen clima marítimo mientras yo volvía a estudiar lo que sabía muy bien, bajo el tórrido sol de Buenos Aires.

Pero aprendí la lección: **el problema no era el conocimiento sino cómo transmitirlo**, no las isobaras sino el movimiento bamboleante uniforme.

> Un buen consejo: antes de empezar con tu charla sacate el saco y arremangate. Es un gesto que transmite una idea de confianza y de "ahora sí, manos a la obra."

Un problema serio pero cuya solución estaba al alcance de mi mano[11].

---

[11] Al final, aprobé *raspando* en marzo. Tuve a la misma profesora en Geografía de 2° y 4° años, y aprobé sin problemas. La lección valió la pena.

Murmullo Descuidado

De a poco fui entendiendo que mi aplazo en geografía, el estupor de mi maestra de quinto grado, mi pánico a quedarme solo en segundo, mi dificultad para hacerme amigos y mi torpeza para seducir a las chicas, todo respondía a una misma causa: mi introversión y mi temor a hablar en público.

Eso era lo que tenía que atacar.

La palabra introversión es curiosa: literalmente significa que alguien se tira hacia adentro. Y si lo hace es porque las barreras y los obstáculos que le permitirían proyectarse hacia afuera son insuperables.

Mi objetivo era pasar de ser introvertido a ser extrovertido y para eso tenía que derribar esas barreras. O, al menos, debilitarlas.

Ese se convirtió en mi nuevo objetivo.

Lo primero que hice para aflojarme fue dedicarme a la música.

Siempre sobresalí en el campo intelectual. Mi límite estaba en otra parte, era casi físico. Y para eso la música resultó un remedio excelente.

Por supuesto, empecé por la teoría musical (lo menos físico de la música, es muy difícil despojarse de las

> Practicá tu sonrisa, disfrutá del honor de poder hablar ante tu público, hablá pausadamente y buscá conectarte con tu audiencia. Ellos vinieron a escucharte, si estás atento a sus reacciones, hablándoles con humildad y con respeto podés estar seguro de que van a apreciar tu presentación.

propias taras). Cuando descubrí las matemáticas detrás de la música me apasioné tanto por estudiar la duración de las notas como por los 440Hz de un LA. En cuanto me sentí seguro, comencé a estudiar saxo.

Aquí realmente tuve suerte. Di con un profesor que es, además, un gran músico: Julián Vat. Aunque en esa época todavía era Vatemberg.

Estudiar con un maestro fue una experiencia en sí misma. La paciencia que me tuvo en su estudio de Villa Crespo durante casi seis años no tiene nombre.

En mi fantasía adolescente, el saxo me serviría para seducir a las chicas, que estarían condenadas a caer a mis pies en un remolino de suspiros cada vez que me oyeran interpretar *Careless Whisper*, de Wham!

Eso, claro, nunca ocurrió. Al menos no así exactamente. En la foto estoy al fondo con "*Machú Vananá*", nuestro grupo que tuvo una sola presentación pública.

Pero estudiar música y tocarla sí me sirvió para aflojarme, para sentirme más seguro, mejor parado ante los demás.

El tiempo y la garra que dediqué a la música fue una de las cosas más útiles y placenteras que haya hecho. Y algo que me ayudó a llegar adonde estoy ahora.

El siguiente paso fue tan estimulante como la música, aunque a primera vista no tuviera nada que ver: la política universitaria.

Tonto pero no tanto

Terminado el colegio, entré directamente a la carrera de Economía, en la Facultad de Ciencias Económicas de la Universidad de Buenos Aires (UBA).

Esa es una de las prerrogativas de los egresados del Pellegrini y del Nacional Buenos Aires: entran directamente a la carrera sin la obligación de cursar el Ciclo Básico Común.

Los estudios me interesaron desde el primer día y lo que antes era una tortura china (hablar en público, sobre todo en las clases) me parecía ahora una verdadera oportunidad que no pensaba dejar escapar.

Pero lo que más me estimuló fue el nuevo grupo de amigos que formé con compañeros que provenían, casi todos, del Nacional Buenos Aires.

Con algunos de ellos decidimos fundar, en 1991, un partido político estudiantil: *TNT*

La de *TNT* se ha convertido, con el tiempo, en una historia legendaria de la UBA, por la novedad que implicó, y de nuestro país, porque de allí salieron varios dirigentes nacionales. Y un gerente general ;-)

Pero lo cierto es que nosotros no éramos conscientes de nada de eso.

Las siglas de *TNT* significaban, alternativamente, *Transa,*

Negligencia y más Transa, *Tontos pero no Tanto* y muchas otras cosas, hasta llegar a la famosa *Tu Novia Tetona*[12].

En un artículo publicado[13] en 2012 sobre *TNT*, leo: *La sátira (y no la economía) fue la herramienta utilizada para relacionarse con los estudiantes*.

Y es verdad. Nos divertíamos satirizando a los políticos "profesionales".

Queríamos mejorar el mundo... teníamos veinte años y nada que perder.

A diferencia de los profesionales de la política, podíamos correr riesgos, reírnos y regresar tranquilamente a nuestras vidas de estudiantes en cualquier momento.

Nos reuníamos a estudiar y preparábamos algún volante para *TNT*. La mayoría de las veces todo comenzaba como una broma de madrugada, una sátira que estigmatizaba a los políticos tradicionales.

> Probablemente el más importante y descuidado de todos los consejos: ¿Fuiste al baño antes de empezar? Aunque parezca pueril, esta simple precaución puede ahorrarte una mala pasada. Tenés demasiadas cosas a las que estar atento como para incluir en la lista los esfínteres. Y asegurate de apagar el micrófono inalámbrico antes de hacer pis.

Repartir esos volantes era una experiencia casi afrodisíaca. Era enternecedor ver a los soporíferos estudiantes de Contador Público

---

[12] Incluso el benemérito Rubín, eximio músico y creativo del grupo llegó a acuñar TNT². TNT al cuadrado era *Tu Novia Tetona Tiene Nueve Tetas*. Un psicólogo se haría un picnicy con nuestra obsesión.

[13] http://www.latecla.info/3/nota_1.php?noticia_id=46051

sonreír durante cinco minutos mientras leían nuestros volantes, antes de regresar a los largos bostezos de sus clases de *Impuestos II o Auditoría*.

TNT hizo que nos divirtiéramos, que aprendiéramos y nos hizo interactuar con gente de proveniencias de lo más disparatadas.

No éramos simplemente volanteros, éramos los creadores del partido, los ideólogos, y repartíamos esos volantes con un orgullo lleno de humor.

La experiencia de *TNT* contribuyó mucho a mi desarrollo personal y profesional.

No solo por haber compartido tanto tiempo, tantas ideas y tantas acciones con un grupo de amigos inquietos intelectual y políticamente sino por la oportunidad que me dio de entrar en contacto con los demás, de abrirme, de proyectarme y de proyectar mis ideas.

> ¿Querés estar seguro de que surjan preguntas al final? Quedate en silencio luego de pedirlas. En mi experiencia el auditorio no aguanta más de 45 segundos y alguien disparará una. Para mayor garantía, prepará dos o tres preguntas que agreguen valor y dáselas a personas distintas.

Que *TNT* se haya convertido luego en un hito de la UBA y que de sus filas hayan salido figuras relevantes, esa es otra historia.

Para mí fue la culminación de un ciclo que comenzó en la soledad de aquella aula de segundo grado.

TNT representa... la dinamita, el explosivo que terminó de derrumbar el muro que me impedía conectarme y llegar a los demás.

Era la culminación de un camino: el humor.

El humor es la clave.

La capacidad de burlarse de uno mismo, de tomarse muy en serio... la risa.

Si somos capaces de provocar la risa en los demás podemos estar seguros de haber allanado la mitad del camino al éxito.

Nada acerca tanto a las personas como el humor.

Y nada nos ayuda tanto a salir de nosotros mismos para ponernos en sintonía con los demás.

Las noches interminables escribiendo manifiestos, las tardes ruidosas repartiendo volantes en los pasillos de la facultad (tan lejanos de ese pasillo solitario de mi segundo grado), las carcajadas cuando encontrábamos la frase justa, demoledora: tengo un recuerdo entrañable de esos años.

> Siempre ante una pregunta, dejá terminar y agradecé. Si es muy larga, repetila y validá que lo que entendiste es correcto. ¿Querés mostrarte cercano? Preguntale el nombre a quien pregunta, y decilo en la respuesta. Si hay dos preguntas, tomá nota o pedile que luego te recuerde la segunda (podés elegir por cual empezar!).

Y una lección aprendida: el humor antes que nada.

Yo tengo el poder (He - Man)

Quien habla en público tiene, en ese momento, el poder. Un escenario, un micrófono o simplemente las miradas de los demás lo diferencian de la audiencia. De hecho, a pesar de ser todos humanos, si hay "n" personas en la sala, uno será "orador" y "n-1", todos juntos, serán "audiencia".

¿Cuándo juegan al fútbol dos selecciones que no son la tuya, a cual más probablemente alientes? Por la que tiene menos poder.

Lo mismo pasa en una charla. Si el orador compite con un asistente, la audiencia apoyará a este último automáticamente.

> Me enseñaron que de una charla, un asistente se tiene que llevar, siempre, algo en la cabeza, algo en el corazón, algo en el estómago y algo en la mano. Es un útil checklist!

En 1999 Officenet lanzó, con IBM, su primer site de ecommerce. Más allá de la calidad del site (no funcionaba), hicimos una mega conferencia de prensa, en el edificio de Catalinas. Con solo un año y medio en Officenet esta era una oportunidad de oro para mi desarrollo profesional.

Me había preparado bastante y presenté algunas funcionalidades. El sitio permitía buscar y agregar al carrito. Pero de lo que más orgulloso estaba eran los sinónimos: si buscabas algo que no encontraba, trataba de darte resultados con una palabra con similar significado.

Se me ocurrió contar que no vendíamos *Plasticola*, la marca de un pegamento vinílico en Argentina, pero que si buscabas esa palabra te aparecía primero la *Voligoma*, un sustituto.

Un periodista -claramente con mala intención- levantó la mano, se paró, y me disparó: "Pero Plasticola no es una marca registrada?".

Mi respuesta debió haber sido: "Sí", o "No lo sé". Pero fue "no creo que eso sea un problema", a lo que el periodista siguió afirmando que sí lo era y que estaba mal, y yo trataba, delante de 40 personas, de defender la situación. En esos 45 segundos de intercambio fui sintiendo como me quitaban el apoyo... Yo tenía el poder físico, pero no lo usé bien. Claramente mi falta de preparación me jugó en contra.

> ¿No surge ninguna pregunta? Probá de hacer la primera de alguna forma parecida a "Muchas veces me preguntan ...", contestándola.

Para completar nuestra relación con IBM, pocos días después me hicieron una entrevista para la revista *Information Technology*. Me sentí muy contento después de la charla, fue muy amena y con muchos temas interesantes. Pero unos días después me llaman enojados de Prensa de IBM para preguntar cómo se me ocurría decir que "para una PyME es difícil trabajar con un gigante lento como IBM"... Tres segundos de una charla de dos horas arruinaron totalmente el efecto positivo que buscábamos! Nunca más hicimos nada con IBM, claro...

Volviendo al poder del orador, la humildad en el escenario es clave para compensar ese regalo que nos da la audiencia.. En el caso de la *Plasticola*, un "No sé", aceptar el desconocimiento y hacer una promesa de responderlo en el futuro hubiera ayudado mucho.

En 2003 trabajé, por cuatro meses, en Officenet do Brasil. Era el Director Comercial; el principal desafío que tenía era consolidar el equipo de 40 personas después de varios cambios. Pero antes de eso tuve que resolver algo escondido mucho más importante: la famosa "rivalidad" Argentino-Brasileña. Recuerdo una presentación que di en Octubre de ese año... Todas las charlas siguientes empezaron como una copia:

"Antes que nada les pido disculpas por mi portugués (hacía esfuerzos grandísimos para hablar en su idioma, con moderado éxito). Y también quiero aclarar que no vamos a hablar de fútbol. Todo el mundo sabe que Pelé y Maradona son los dos mejores jugadores de la historia." Hoy, con Messi, tendría un problema.

Esto distendía mucho a la audiencia, me ponía en un grado de humildad al que no estaban acostumbrados, y me permitía llegar con mi mensaje.

GOLPEAR LAS PUERTAS

Siempre me sentí muy orgulloso de haber elegido estudiar en el Carlos Pellegrini.

Después de una experiencia que no terminó de satisfacerme en la escuela primaria (aunque le debo el conocimiento íntimo del inglés) mis padres me propusieron un abanico amplio de opciones entre las cuales figuraban las mejores escuelas privadas de Buenos Aires.

Elegí el Pellegrini, uno de los colegios de la Universidad de Buenos Aires, y de verdad me felicito de mi elección: aprendí muchísimo en todos los sentidos.

> ¿No sabés la respuesta a una pregunta? La verdad te salvará. Un "debería saber pero no" es siempre valioso para la audiencia. Una promesa ayuda: "si me contactás por email te lo respondo".

La excelencia académica es algo que aprecio pero no fue el principal aprendizaje que me dejó el colegio.

Probablemente las mayores enseñanzas hayan sido las sociales y hasta las políticas. Estas herramientas me abrieron muchas puertas en mi carrera universitaria y profesional.

Los seis años transcurridos en el Pellegrini me dejaron una sensación de gratitud tan intensa que, una vez recibido de economista, pensé en acercarme al colegio para ofrecerme como profesor.

Curiosamente, aceptaron de inmediato mi propuesta.

Aquí un paréntesis instructivo: **la única propuesta que podemos estar seguros de que nadie aceptará es aquella que nunca hacemos.**

Todas las demás, las que sí llegamos a formular, tienen muchas más chances de lo que normalmente creemos de ser aceptadas.

Movido por la gratitud, hice mi propuesta sin pensar demasiado en la respuesta que obtendría. Y la respuesta fue positiva.

En otro momento de mi vida habría considerado todos los pro y los contra, mis capacidades, mi experiencia, las posibles reacciones del colegio, etcétera.

Y de tanto sopesar probablemente nunca habría comenzado a dar clases, que es lo quería hacer y lo que logré fácilmente con solo dejar caer las barreras de la introversión.

Así fue como empecé a dictar las clases de *Economía* en cuarto y quinto año.

> La presentación puede no terminar cuando "termina". Siempre coloco mi email en el último slide para que la gente puede contactarse conmigo e invito a hacerlo. Alguna vez, en la que tenía demasiado material para compartir en poco tiempo, creé un "micrositio" en internet con información adicional para quien quisiera (bibliografía, links útiles).

Hoy, mucho tiempo después, me doy cuenta de lo definitiva que fue mi experiencia como profesor para mi propio proceso de aprendizaje.

Estar frente a un grupo de veinticinco alumnos inquietos y siempre listos para desafiar mi autoridad fue una prueba de fuego. Un placentera prueba de fuego.

Me vi obligado a aprender las estrategias para mantener la atención del grupo, para suscitar su entusiasmo y para transmitir un conocimiento complejo a unos adolescentes realmente excepcionales.

El mayor desafío era lograrlo después del viaje de egresados... Después de un tiempo dejé de intentarlo.

Sin duda lo más gratificante fue ver el entusiasmo de mis alumnos y el que varios de ellos hayan decidido estudiar Economía motivados por mis clases.

Cada vez que un alumno me lo contaba sentía que el círculo de la gratitud se había cerrado y que estaba devolviendo al colegio una parte de lo mucho que me había brindado.

Tiempo después, en 2007, pude revivir esa experiencia: recibí una invitación de la escuela *ORT* para dar una charla ante un centenar de alumnos de quinto y sexto año.

Fue una experiencia agotadora... Y esta vez decepcionante.

¿Un ppt de 20MB? En general tiene dos motivos. Uno, el tamaño de las imágenes es mayor que el necesario. Con comprimir todas las imágenes (dentro del Powerpoint) para mostrar en pantalla debería alcanzar. El segundo motivo es no usar patrones. Estos, si uno comienza a preparar el documento pensando en ellos, simplifican toda la tarea y reducen el tamaño. Pero son difíciles de implementar una vez terminado el ppt.

Hablar ante alumnos que no eran los míos y sobre los cuales no ejercía ningún otro poder más que el del interés que era capaz de suscitar fue un desafío suplementario.

Llevé ideas interesantes, me hice el *pendex* hablando de internet, les hice preguntas. Les grité para que me presten atención, pero solo los 5 o 10 de adelante tenían algún interés, y me parece que era por la nota de concepto que les pondría el profesor.

Algo que se repitió, algunos meses más tarde, en una charla que me tocó dar, esta vez en la *Nueva Escuela de Diseño y Comunicación*. Aunque en este caso las cosas salieron mucho peor.

Habían organizado un evento de todo un día sobre distintos aspectos del Marketing.

Mi exposición debía comenzar a las nueve de la noche. Como suelo hacer, llegué media hora antes de que empezara mi charla para preparar los detalles de último momento.

> Evitar los lugares comunes y las frases vacías. *Voy a ser breve, para ir terminando,* etcétera. Son frases carentes de contenido y redundantes. La mejor forma de ser breve es serlo, sin arabescos retóricos. Además, las promesas de brevedad no solo son trilladas sino que casi nunca se cumplen. ¿Para qué irritar a la audiencia con una música que todos conocen y en la que nadie cree?

Me encontré con un sótano atiborrado de adolescentes que escuchaban con atención a Juan Gugis[14].

---

[14] publicitario, conductor de radio y television, famoso por ser el creador y conductor de El Show del Clio

Juan estaba ligeramente atrasado con su exposición. Y cuando pensé que, ya con bastante retraso, ahora sí estaba por terminar, decidió mostrarles a los chicos "algunas publicidades". Solo que la proyección de las publicidades duró cuarenta minutos más.

De forma tal que a medida que su exposición se extendía, la mía se retrasaba todavía más.

Finalmente, muy tarde, demasiado tarde, llegaba mi turno… y el acabose.

Eran casi las once de la noche, todos estábamos exhaustos, en un sótano mal ventilado y repleto de gente. El portero se apoyaba en la puerta preguntándose si le iban a pagar las horas extra.

Cuando me dispongo a empezar, los organizadores me informan que no encontraban mi *ppt*, tampoco disponían de un control remoto para pasar los *slides* y para colmo de males la computadora no estaba situada a mi alcance así que tuve que pedirle a un alumno, tan agobiado como todos nosotros, que se ocupara de ir pasando las diapositivas mientras yo exponía[15].

> Controlá el material que la audiencia tendrá mientras hablás. Si tu *ppt* tiene sorpresas y lo entregaron impreso antes, vas a perder el efecto. Es más esfuerzo, pero recomiendo generar *handouts* específicos, que pueden o no tener los *slides* utilizados.

Como resultado de todas estas pequeñeces mi presentación fue un auténtico fracaso. Nadie prestó atención, los que se aburrían comenzaron a irse, y distrajeron a todos los demás. Un desastre.

Pero aprendí una nueva lección.

---

[15] Obviamente había llevado un pendrive con la presentación (siempre hay que tener un plan B).

Una vez más *no había tenido en cuenta todas las variables.*

Pequeños detalles muy concretos y algunas fallas técnicas bastaron para echar por tierra una charla que había preparado con mucho esfuerzo.

Una exposición puede ser robusta como un gigante pero, al igual que el corpulento *Gulliver*, puede caer ruidosamente ante mil pequeños lazos liliputienses: un auditorio fatigado, una computadora que no funciona, tu propio mal humor ante los imprevistos.

¿Qué mejor manera de aprender que equivocándose, no? Bueno, no me sentía tan bien en ese momento.

Nunca más acepté una invitación para hablar en público sin hacer *antes* muchas preguntas: ¿Dónde? ¿Ante qué público? ¿Qué esperan de mi charla? ¿De qué medios dispongo? ¿De cuánto tiempo? ¿Quién habla antes? ¿Y después? ¿El auditorio pagó para asistir? ¿Se conoce el número de los asistentes? Y cualquier otro detalle relevante para mí, por ínfimo que parezca.

> Si tu presentación va a ser filmada (grabada o transmitida en una pantalla gigante), no uses camisas de colores muy claros ni ropa rayada o cuadriculada. Por motivos técnicos, se ven muy mal en la pantalla. Por favor, que tus medias no llamen la atención. ¡Nunca medias claras! Se ven horribles y distraen la atención. Lo aprendí en una entrevista en TV!

"Vos no sabés manejar gente"... Eso dolió

Un día golpeé una puerta y la puerta me devolvió más fuerte.

Fue en el 2000, a los tres años de trabajar en Officenet, cuando Andy Freire estaba empezando a dedicarse a abrir operaciones en otros países que tuve la oportunidad de ser gerente general por primera vez.

Eduardo (no importa el apellido) y yo nos reunimos con Andy y Santi, fundadores de Officenet. Nos dijeron que uno de nosotros dos sería, meses después, el gerente general de Officenet.

Meses después, perdí.

Le pregunté a Andy por qué, y la respuesta me hizo sentir todavía peor: "Vos no sabés manejar gente, Eduardo sí". La puerta me había golpeado en la cara.

Pasaron varias semanas y decidí hacer algo al respecto. Otro punto en mi dibujo tomaba forma: fui al IAE, uno de los mejores centros de estudios de posgrado especializados en negocios de Argentina, a aprender a manejar gente. *Dirigiendo Personas* se llamaba el curso y me abrió muchísimo el panorama. Me ayudó a conocerme más (con un test muy conocido, MBTI) y entender la importancia de liderar positivamente.

Hoy puedo decir que ese fuerte "NO" de Andy y Santi fue un importante punto en mi dibujo, y que probablemente hubiera fracasado en ese momento como Gerente General[16].

---

[16] Eduardo dejó la compañía el 19 de diciembre de 2001.

2002: Vendiendo Officenet – o no

Durante el año 2002 nos dimos cuenta, con Santi, de que iba a ser muy difícil ser exitosos con Officenet como estaba. La crisis en Argentina en el 2001 nos pegó fuerte. Andy lo vio enseguida y optó por otro proyecto, en otra geografía.

Officenet había pasado por varias rondas de capital, tras las cuales teníamos cientos de accionistas (además del management, THLi, BankBoston, Santander, LAEF, LatinRim, Soros, GE, Chase, KKR, Flatiron, y más) y un Directorio con 10 miembros (el extremo era una Directora de THLi que vivía en Londres y "solo viajaba en primera clase"). Cada reunión de Directorio costaba alrededor de USD100000 en pasajes y estadías. Pero eso no era lo peor.

Después de la crisis en Argentina y gracias a las rondas de capital, Officenet tenía varios millones de dólares en el banco -yo era el CFO- y una operación interesante pero con mucha pérdida en Brasil. El camino era claro: el Directorio nos puso en *"cash preservation mode"* (modo de preservación de caja), con el objetivo de "maximizar la vida de la compañía". No había perspectivas de poder venderla en el mediano plazo, así que había que llegar hasta el largo como sea. Esto nos llevó a tomar decisiones duras con algunos clientes, y patear pagos hasta el infinito y más allá. "Cash is King" (la caja es el Rey) nunca fue más verdadero. Todo el crédito a clientes en Argentina se cortó y pasamos a entregar solo contra el pago. Por otro lado, los pagos a proveedores se extendieron hasta el infinito... y más allá. ¿Inversiones? Solo las imprescindibles. En el camino perdimos gente excelente y retuvimos a los menos ambiciosos... En otras palabras, todos hicimos "la plancha".

Esto nos dejó una sola salida: si queríamos crecer, teníamos que conseguir compradores para la empresa.

Ese año leí el libro *Barbarians at the Gate*, que cuenta la historia de cómo el management compró RJR Nabisco con dinero de otros... Lo que me despertó una idea fantástica: ¿Podríamos conseguir un capitalista que nos preste el dinero para comprar la empresa? En otras palabras, un MBO: *management buy out*.

A fines de 2002 empezamos a golpear las puertas, nuestro *"road show"* secreto. Secreto porque aunque estábamos seguros de que era lo mejor para los accionistas, no sabíamos qué pensarían si se enteraran.

Habremos tenido reuniones con 10 o 15 inversores, todas con la misma estructura. Incluso llegamos a contactar a Henry Kravis, protagonista activo de *Barbarians at the Gate* (Que también fue película en 1993).

¿Cómo era cada una de esas reuniones? Santi lleva una presentación en papel, y la muestra mientras va contando lo fantástico que es el negocio, las posibilidades de crecimiento (como curiosidad, uno de los proyectos de crecimiento se llamó Gato Volador!) y el gran equipo de management.

Enseguida explicábamos la situación actual: la empresa tenía mucho cash, pero no quería usarlo. Y eso era desperdiciar una oportunidad fantástica.

> ¿Cómo mirar a la audiencia? Buscar la mirada de la audiencia es algo importante, ayuda a mantener la atención y a crear una especie de empatía con quienes te oyen. Hay que mirar a todos pero sin fijarse en nadie, a menos que estés manteniendo una conversación. Algunos sugieren mirar por encima de las cabezas, formando una "H" o una "V" en el auditorio. Se internaliza rápidamente.

Después, el golpe de gracia: "y todo esto puede ser tuyo, en un 30%, si ponés USD10M." A la pregunta de "Y el 70% restante?", Santi respondía, con cara de póker, "del management, claro."

Las 15 reuniones terminaron con distintos tipos de "no". Pero cada "no" nos permitió mejorar el ppt: siempre se nos ocurrían mejores formas de contar algo.

Santi, sin decidirlo concientemente, cambiaba el orden sobre la marcha. También iba variando el énfasis de cada parte de la presentación. La iba adaptando en base a su aprendizaje y sus percepciones de los interlocutores. Algunas hojas terminaron en un apéndice (las bios del management, o el detalle de los accionistas de la empresa) y otros se completaron con más información (el mercado, las proyecciones).

A partir de esto aprendí que si el cerebro no se siente cómodo con una presentación la cambia. A la primera señal de incomodidad (algo así como "quiero decir esto pero el papel dice aquello"), quien presenta va a intentar ajustar el discurso si puede - luego, tratará de cambiar la presentación. He visto casos extremos en los que directamente se dejó el ppt de lado.

Hay dos fuertes consecuencias de esto:

Una presentación mejora con el tiempo: es importante recordar que aunque uno repita la misma presentación, en general el público cambia (cómo diría Mirtha, "el público se renueva"). En nuestro caso -con Santi- eran diferentes inversores cada vez.

Es muy difícil diseñar presentaciones para otros: un ppt es un refuerzo de una historia personal. Solamente escuchando con atención esta historia personal primero, o participando activamente en su creación, alguien puede hacer un ppt coherente y cómodo para el orador.

INVENTAR OPORTUNIDADES

Para empezar a hablar en público lo primero que necesitás es una oportunidad.

Tal vez necesites "inventarte" una ocasión a la cual invitar al público que te interese o que pienses que puede estar interesado en lo que tengas para decir.

Todo resulta más fácil si sos gerente general, en cuyo caso no tenés de qué preocuparte: tu secretaria puede hacerlo. Además, ¡podés dar por descontado que todos van a aplaudir y a festejar tus chistes!

Pero no puedo suponer que todos mis lectores sean gerentes generales – al menos no todavía, así que veamos primero de otras posibilidades:

¿Cómo lograr que alguien nos invite a hacer una presentación en público?

Los congresos y los seminarios suelen convocar a los expertos en la materia en cuestión.

Pero eso no les alcanza para armar un evento completo. Los expertos son caros, así que suelen traerlos a cuentagotas.

Además de los expertos, en muchos casos los organizadores echan mano de expositores menos académicos para que aborden aspectos concretos

> ¿Le mandaste el ppt a los organizadores? No alcanza. Llevá una copia más en USB. Y otra en tu notebook, y subí una a Dropbox, Google Drive o similar por si las moscas.

desde un punto de vista más "real".

Y es aquí donde comienzan a abrirse las oportunidades.

Conseguir expertos es algo relativamente sencillo para los organizadores de un evento: basta con consultar a las universidades, a las empresas y a las editoriales del sector para identificar rápidamente a las "eminencias" en cada tema. Incluso hay sitios de internet especializados en proveer oradores expertos.

Pero las dificultades empiezan cuando tienen que dar con personas que, sin ser expertos, conozcan la materia y sean capaces de exponer desde una perspectiva más cercana a la del auditorio.

> Punteros láser salvadores: No sé por qué pero la mayoría tienen los botones para pasar slides dispuestos de manera anti intuitiva. Te conviene probarlos antes de empezar. Verificá que el puntero tenga pilas y que funcione.

Aquí está el nicho: cuando tengas noticias sobre la organización de un evento, escribí a los organizadores unos pocos renglones sobre algún tema del que puedas hablar[17] y que sea interesante para los asistentes.

Aunque de antemano pienses lo contrario, **las posibilidades de que te contacten son altas**. Otra vez, la única propuesta a la que seguro te dicen que no es la que no hacés.

---

[17] En 2012 me invitaron a hablar sobre Email Marketing, un tema del que sé poco. En realidad como buen Gerente General, de la mayoría de los temas sé poco. Pero en todos los casos puedo hablar con seguridad y conocimiento sobre "Email Marketing: La visión de un CEO". Así pude aportar valor concreto a los asistentes.

Solemos minimizar nuestra experiencia y descartar a priori nuestras chances de poder compartirla con los demás.

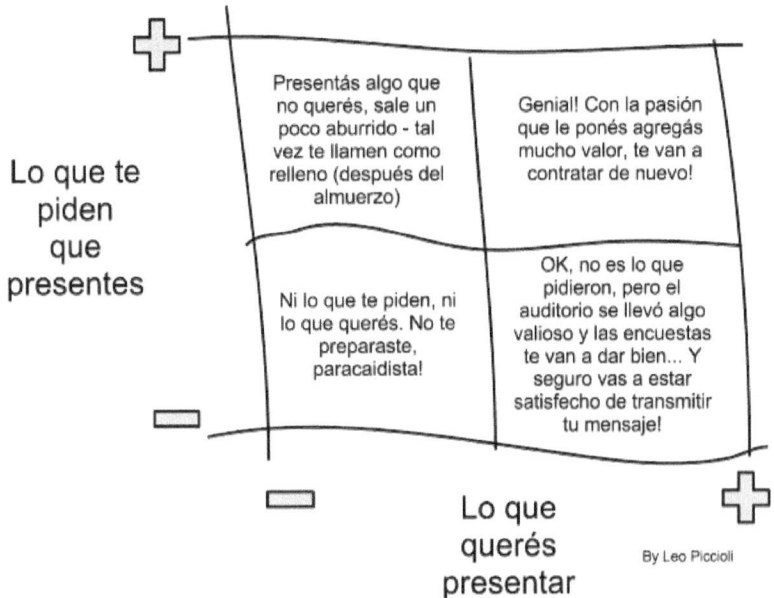

¿Pero cómo hacerlo? No es difícil. Simplemente titular la charla como *"La visión de* [insertar puesto relevante o similar tuyo] *sobre* [el tema del congreso]". En mi caso, por ejemplo, *"La visión de un CEO sobre las nuevas técnicas odontológicas"*.

Que nuestra experiencia no es relevante es un prejuicio. Te invito a superarlo, a hacer la prueba, a golpear las puertas y a esperar que se abran.

Y una vez que se haya abierto la primera puerta, seguramente seguirán otras.

Pero para que las puertas se abran hay que tocarlas…

Aquí va un ejemplo personal:

En 2008 asistí a un congreso sobre *Pricing* en Miami.

Cómo poner precios en una empresa es un tema que siempre me apasionó.

El congreso de Miami fue verdaderamente interesante, participaron muchos expertos y gurúes que agotaron en sus exposiciones casi todos los aspectos del tema.

Sin embargo, me di cuenta de que algo faltaba: se dedicó poquísimo tiempo, casi nada, a presentar casos concretos que relacionaran la teoría con la práctica.

Con esta idea en mente decidí escribirle al presidente de la *Professional Pricing Society*. Le envié este mail:

> No olvides apagar el protector de pantalla y cerrar los programas que no necesites. No queda bien que todo el público vea el anuncio de Microsoft Office recordándote que tu software es ilegal. O que todos sepan que Luli te está llamando por Skype. Que te necesita. Y que no querés atenderla.

Dear Kevin,
We met last October in the Miami Conference. I was very impressed with the enthusiasm you put into continuing your father's initiative.
I run a Staples' subsidiary in Argentina, and consider myself a specialist in Pricing (which we should sometimes rather call "Valuing"!) and pretty good speaker.
When I got the email focusing on Pricing for Executives, I sensed I could help transferring the enthusiasm and value I see in these areas to my peers - other country managers or business unit owners.
I have been invited to the Direct Marketing conference in San Diego to present our case exactly on October 21st. Therefore, both when going and

when returning, I will have to touch Miami. Connecting all the dots just led me to this proposal:
I would be delighted if you invited me to present on Building a Value Pricing Culture from the top-down in your Orlando event.
I think I can add value and diversity to the event.
Again, thank you for your contagious enthusiasm.

Podríamos analizar el mail de mil maneras: el haberlo felicitado más de una vez (algo que siempre causa buena impresión), el haberme presentado de manera consistente, mostrando algo que le resultara atractivo (mi experiencia en Staples), el mostrarme confiado y con algo para ofrecer, etcétera.

Pero aunque estos detalles son en sí mismos importantes, lo fundamental es que *tomé la iniciativa y toqué a la puerta.*

¡Y con excelentes resultados!

Contrariamente a lo que podríamos pensar, al poco tiempo recibí una respuesta muy amable en la cual Kevin me pedía que le enviara un resumen.

> Si de alguna manera participás en la administración de la sala, asegurate de que haya suficientes –pero no demasiadas- sillas. Estimar el número de asistentes es algo importante. Ante la duda, es preferible que falten sillas a que sobren. Las sillas vacías no son el marco ideal para una exposición. En cambio si faltan va a dar la sensación de éxito con gente parada al fondo.

Había encontrado un nicho y se me había abierto una puerta... con solo intentarlo.

Y no era la primera vez.

En 2007 escribí unas pocas líneas a los organizadores de una conferencia sobre la web 2.0 en Cork, Irlanda.

Muy brevemente les conté mi experiencia y les sugerí que, en tanto que argentino, mi exposición podía agregar un valor suplementario.

¡Me respondieron de inmediato, invitándome a dar una charla, con todos los gastos pagos!

Responsabilidades en Argentina me impidieron viajar a Irlanda como estaba acordado. Pero esa es otra historia.

Lo único que me propongo demostrar con estos ejemplos es que, muy a menudo, la distancia que nos separa de lo que deseamos hacer es realmente corta o incluso inexistente.

Basta con dar el primer paso y sortear el obstáculo más grande: nuestros propios prejuicios y preconceptos.

> Mirá a los mejores presentadores y estudiá sus técnicas. TED.com es un sitio excelente donde encontrarás buenos oradores transmitiendo ideas revolucionarias.

Lo que tenemos ahí delante no es un muro, es una puerta: en cualquier momento podemos abrirla.

COCORICÓ JAJA

Hay cientos de posibilidades de entrenarnos para hablar en público.

Dar una charla o hacer una exposición puede ser el contexto ideal pero existen muchos ámbitos en los cuales podemos ejercitarnos.

Veamos solo algunos ejemplos de mi propia experiencia:

Sin importar cuál sea el tema – la teoría macroeconómica, las profecías mayas, la astronomía o el rugby – siempre hay un momento destinado al intercambio de opiniones entre los participantes.

Ahí hay un nicho: podemos elegir sentarnos en una silla más bien alejada a tomar notas, en silencio. Pero también podemos intervenir con nuestras preguntas, involucrarnos con nuestras opiniones y exponernos a la reacción que nuestras ideas causan en los otros.

> La temperatura y la ventilación de la sala son detalles importantes. Si podés intervenir en eso, asegurate de que haya un clima confortable para tu público. En el frente uno pasa un poco más de calor, por lo que si te sentís cómodo, el resto seguramente tiene frío.

A principios de 2011 asistí a un curso sobre autoayuda[18]. En un determinado momento, para ejemplificar un aspecto de su charla, el expositor pide un voluntario.

---

[18] Sí, autoayuda. Estoy convencido de que para criticar algo hay que conocerlo. Este, en particular, era el famoso "El Arte de Vivir".

Naturalmente, levanté la mano y pasé al frente sin tener la menor idea de a qué cosa me estaba prestando.

Después de un silencio algo intrigante, el expositor me pide que me ponga a cantar, lo que quiera. Con una condición: ¡tengo que bailar mientras canto!

Por supuesto, no tenía ningunas ganas ni de cantar ni de bailar frente a ese grupo numeroso de desconocidos.

Siempre tuve una cierta conciencia del ridículo y ahí parado, vestido con el traje que había llevado puesto todo el día – mi disfraz de gerente general o tipo serio –, ante cientos de ojos que brillaban entre divertidos y sádicos, sentí un ramalazo eléctrico que me sacudía la espalda y maldije mi nueva propensión a meterme en problemas.

Y sin embargo… canté y bailé.

Ridículamente. Canté y bailé *El gallo pinto*: ¡Cocoricó!

Si hubiera habido en la sala algún conocido se habría dado cuenta de que sufría como el gallo Claudio mientras agitaba mis brazos como aspas tratando de seguir el ritmo.

Pero nadie me conocía. Y todos se rieron.

Solo que esta vez supe que no se estaban riendo de mí. Había logrado hacerlos reír y me sentí realmente eufórico.

Unos años antes había asistido a un curso de oratoria organizado por la Universidad Católica Argentina.

Mi primera sorpresa fue descubrir que los asistentes éramos diecinueve alumnos de derecho de diecinueve años, a los que su profesor había obligado a asistir al curso, y... yo, un tipo serio, gerente general, de 36 años.

La segunda, el profesor llegó tarde. Bastante. Y largó con una perorata sobre la importancia de llegar puntual, y que esta era una excepción a su estilo que iba a aprovechar para el proceso de aprendizaje. Llegó luego tarde a todas las clases.

El curso fue excelente y me dio herramientas útiles para mi carrera.

Sobre todo, pude aprovechar la timidez de los diecinueve diecinueveañeros para ofrecerme como voluntario cada vez que el profesor preguntaba *¿quién desea pasar?*

Ese sí que fue un entrenamiento intensivo.

> Si te toca presentar luego del almuerzo, te eligieron como relleno para el evento, claramente. Pero lo podés usar a tu favor. Habrá un poco menos de gente, y más tranquila; momento ideal para probar de ser más agresivo en el mensaje.

Las experiencias que acabo de contar me permitieron ir adquiriendo un dominio cada vez mayor de las estrategias básicas para hablar en público.

Pero recién en 2010 asumí el más grande de todos los desafíos: el de provocar la risa en el auditorio.

Creo que el camino me lo trazó el *cocoricó* del gallo pinto pero lo cierto es que hacía tiempo que había observado que los expositores más exitosos suelen ser aquellos que, en algún momento de su presentación, logran arrancarle una carcajada a su auditorio.

Hasta entonces me había conformado con suscitar algunas risas esporádicas pero en 2010 decidí dar el paso decisivo que, en ese momento, fue más bien un salto al vacío. Me propuse el paso más extremo para un nerd introvertido: pararse en un escenario a hacer reír. Ya TNT me había enseñado el valor del humor.

Después de un año de un curso de *Standup Comedy* que supuso un trabajo intenso de escritura, además de mucha práctica, finalmente llegó el momento de presentar mi propio show.

Un año de trabajo duro para estar apenas doce minutos frente al público.

¡Doce meses de idas y venidas para estar doce minutos frente al público!

Y, otra vez, valió la pena.

Primera constatación: el *Standup* es una herramienta excelente para desinhibirse además de un buen entrenamiento para hablar en público, incluso de cosas serias[19].

Segunda: hacer reír es algo difícil pero cuando lo logramos matamos dos pájaros de un tiro:

Por un lado, sentir que nuestra palabra tiene la capacidad de conmover a los demás hasta el punto de arrancarles una carcajada es una experiencia única, intensa, algo que nos llena de confianza en nosotros mismos.

Y, por otro lado, el humor hace que lo que decimos llegue a los otros con una eficacia que difícilmente pueda igualar ninguna otra herramienta.

---

[19] De hecho, en *Standup* uno suele reírse de sí mismo, desmitificando errores y falencias.

No por nada muchos expertos sostienen que hay que comenzar las presentaciones con un chiste. Yo no creo que esta regla sea tan importante, excepto si te toca presentar luego del almuerzo, en donde estarán todos algo dormidos. Recuerdo una charla sobre Innovación en donde empecé diciendo a la audiencia, "Vamos a hacer un trato: yo no grito, ustedes no roncan". Desperté a todos con las carcajadas de unos pocos.

El humor nos acerca de manera asombrosa y deja una huella profunda en las mentes de quienes nos oyen.

Para reírse de algo – un chiste, una ironía, un sarcasmo – es necesario entenderlo.

Cuando nuestro público se ríe podemos estar seguros de que nos está entendiendo y de que logramos establecer una conexión que, aunque sea fugaz, es mágica.

Práctica, nada más que práctica

Complejo La Plaza, Ciudad de Buenos Aires, 28 de junio de 2012. Con mis amigos de The Mic Bang Theory estamos por presentar nuestro show de Stand Up Comedy... Y yo me siento mal. Va a haber mucha gente que conozco. Compañeros de la primaria y secundaria. De la Facultad y TNT. Gente que conocí en una charla que di el miércoles pasado en un congreso en el Sheraton Libertador. Alumnos de la Universidad Di Tella, en donde conté hace unas semanas sobre la empresa y me hicieron pensar mucho. Chicas que me gustaron en alguna época. Chicas que gustaron de mí. Algunos desconocidos. Y mucha gente que hoy trabaja conmigo.

Mi estómago hace ruidos constantes. Necesito ir al baño. Pero sé que no es fisiológico, sino solo una necesidad de esconderme, retraerme, conectarme con un lugar común: yo encerrado, protegido de lo externo.

Me arrepiento de haber elegido hacer Stand Up. Para qué me meto en estas cosas? Pensando en eso ayer no dormí más de 4 horas, a pesar de haber ido al gimnasio dos horas, a reventar mi ansiedad.

Durante el día estuve insoportable. Convencido de que me iba a olvidar todo el texto, me encerré en una oficina a recitarlo una y otra vez. Mi equipo me conoce, sabe que acercarse a mí en esas situaciones tiene sus riesgos, me vuelvo un poco impredecible.

Me tomo un té en el bar de The Cavern, al lado de donde voy a actuar. Sí, un té común, le repito a la moza, que, muerta de frío, trata de recordar la última vez que le pidieron eso. "Sí, fui yo", pienso para adentro.

Me conecto con lo que tengo que hacer. Me tomo el té. Recuerdo la cantidad de gente que ví haciendo papelones en el escenario y me tranquiliza un poco. Yo soy mejor, trato de convencerme.

Sale Manuel, le toca primero. Yo voy segundo. Hace un show de puta madre. Mejor, me va a ser más fácil. La gente se fue soltando. Yo le quiero pegar a alguien. A Estefanía no, es una dama. Y Christian me caga a piñas. Elijo pegarle a la pared. Duele. Mejor. Ya me toca a mí.

Si lo analizo, todas las anécdotas de mi vida van en la misma dirección: **todo bien con la teoría, pero solo la práctica te lleva a crecer con solidez.**

No tiene sentido dedicar un tiempo oceánico a preparar un *ppt* si vas a presentarte ante el público sin haber ensayado la estructura básica de tu charla (cómo empezar, cómo desarrollar, cómo concluir), sin haber considerado los detalles (cómo estás vestido, cuándo conviene hacer pausas, qué chistes se pueden hacer y cuáles no, cómo moverte en el escenario) y sin anticipar los imprevistos y las objeciones.

No hay nada más molesto que un orador acartonado, ensimismado, concentrado en barajar sus papeles o en hacer correr su *ppt*, que se mueve por el escenario como un maniquí a cuerda, que empieza las frases y las deja caer como hojas muertas, que tartamudea, que suda.

Y no hay nada más atractivo que un orador ágil, sonriente, despreocupado, que interpela al público, que lo entusiasma, que lo hace pensar y reír, que habla con fluidez, como si estuviera improvisando.

Solo que, como dijo Mark Twain: *… nunca pude improvisar un buen discurso sin varias horas de preparación.*

MI PROCESO CREATIVO

Hay cientos de caminos posibles. El que sigue es el mío, fruto de muchos tanteos, marchas y contramarchas. En fin, mi experiencia. No la propongo como un modelo a seguir sino simplemente como un disparador.

La etapa del caos creativo:

Empieza por las preguntas básicas: ¿sobre qué tratará mi presentación? ¿Por qué me invitaron? ¿Qué es lo que puedo aportar a la audiencia?

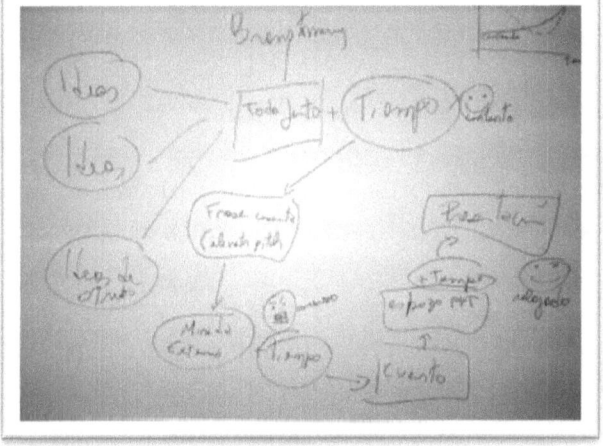

A medida que comienzan a surgir las respuestas, las escribo en una hoja de papel liso o en una pizarra que tengo siempre a la vista y comienzo a establecer puntos de contactos y jerarquías. Es algo muy parecido a un mapa mental, pero con más libertad. Para mí es muy importante poder ver todo al mismo tiempo, no tener que pasar de página.

Naturalmente, no todas las respuestas surgen de inmediato. Así, cada vez que se me ocurre algo nuevo lo agrego al papel o a la pizarra, uniéndolo mediante flechas o resaltándolo con un círculo.

Esta es una fase en la que las ideas surgen a borbotones, como lava volcánica. Es una fase de acopio frenético pero la presentación está todavía muy lejos.

Cuánto más tiempo queda abierta esta etapa, más productiva es. En general, apenas me entero de una posibilidad de presentación comienzo a escribir ideas y luego freno hasta tener la confirmación.

Un primer intento de orden:

Me siento frente a ese magma rico pero sin forma de ideas buscando un elemento común, un hilo conductor. En términos técnicos, busco un *elevator pitch*; es decir, una idea central que pueda resumirse en una frase, en torno a la cual articular la presentación.

El *elevator pitch* puede sonar tan simple como *esto puede implementarse en la empresa* o, si hago una presentación ante mi jefe, *estoy haciendo un buen trabajo de control de gastos* o, si hablo ante potenciales clientes, *conviene comprar mi producto*.

Muchas veces necesito bastante presión para dedicarle tiempo (recién lo hago a último momento), pero cuando me ocupé de estudiar el tema con anticipación pude evitar las corridas.

Otra mirada:

Una vez alcanzado este orden, es buen momento para incorporar un segundo punto de vista. Puede tratarse de un amigo, un colega de trabajo, alguien que conozca la materia o esté interesado en el tema. Un potencial miembro del auditorio es lo ideal.

Personalmente, cuento con la ayuda de mi asistente. Le expongo el conjunto de ideas que fui desarrollando y el *elevator pitch*. Entonces comienza un proceso de colaboración entre nosotros, un intercambio gracias al cual delineamos mil y un aspectos de la presentación: si hacerla en colores o en blanco y negro, si es preferible usar más imágenes y menos texto o viceversa, qué extensión conviene darle a cada punto, etcétera.

Los etcéteras pueden variar en cada caso. De lo que se trata es de echar mano a la mirada del otro para mejorar la consistencia de la presentación. En mi caso, le pido a mi asistente que diseñe una estructura *en paralelo* a la mía. De esta forma, partiendo de un inicio común, nuestros caminos suelen diferenciarse aunque sobre una base homogénea. Más tarde podré volver, analizar los dos recorridos, sus puntos de contactos y elegir mi camino sobre un mapa mucho más variado y detallado.

> Cuando das una charla, tenés una ventaja con la audiencia: sabés lo que va a pasar, ellos no. Planificá, porque el sentir que tenés el control te va a mostrar más sólido.

Comienza a delinearse una estructura:

La presentación va tomando forma, ahora se trata de desarrollar el *elevator pitch* para transformarlo en un relato. Esta es la fórmula mágica de una presentación: un relato con emoción. Este relato puede tener una extensión variable, que puede ir de unos cuantos renglones hasta una página. Algunas veces, en cambio, elijo un esquema sintético que contenga solo las palabras clave.

La versión completa:

Con todo este material (mi primera versión en ppt, las modificaciones introducidas luego y el relato) elaboro una versión definitiva en un nuevo ppt.

Últimos retoques:

Ilustrar cada página de la presentación no es lo fundamental. Lo definitivo es el tema de la presentación y el orden de la exposición. Sin embargo, el retoque final es importante desde un punto de vista estratégico. En primer lugar porque nos ayuda a realzar algún aspecto gracias a una buena ilustración y, en segundo lugar, porque al retocar damos una mirada integral que nos puede sugerir alguna idea nueva o una modificación de último momento.

En definitiva, es un cuento:

Nunca pierdo de vista que el objetivo no es preparar un ppt, sino transmitir un mensaje, contar un cuento. El ppt es solo (o tanto como) las imágenes del cuento. En otras palabras, siempre es más importante tener una buena historia para contar (pitch, en la matriz que sigue) que tener un buen ppt.

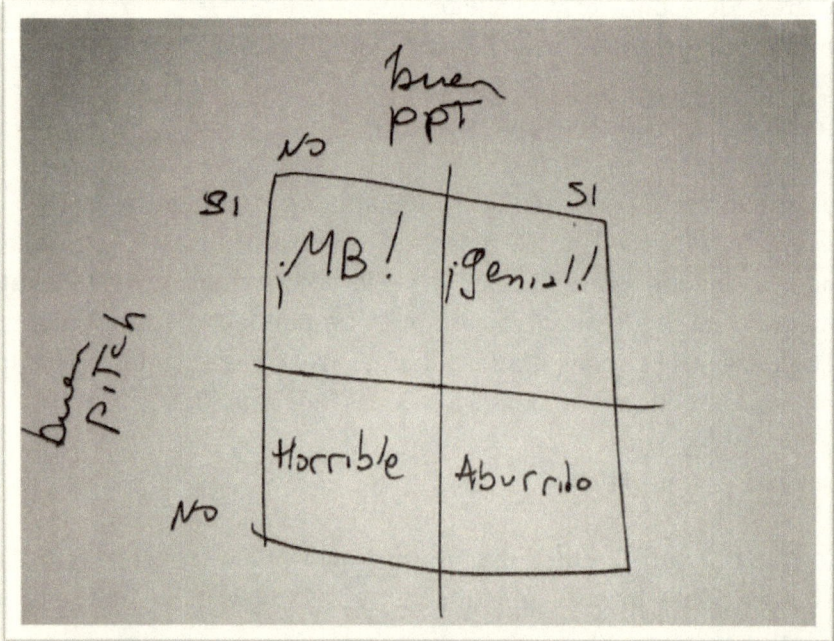

FOCO EN LA DIAPOSITIVA

Cada diapositiva puede plantearse de infinitas maneras; lo ideal es pensarlas para cada caso. Usar esta libertad creativa nos da más herramientas para un mensaje contundente.

La palabra clave es **FOCO**. El que presenta tiene el control del contenido, de lo que la audiencia va a mirar.

Cuanta más información se muestra en un slide, más tarda la audiencia en enfocar e interpretar el mensaje, y menos potente resulta.

Supongamos que durante una presentación deseamos transmitir el siguiente mensaje: *Las ventas crecieron un 50%*

Podemos escoger entre las siguientes opciones:

Opción clásica: un gráfico de ventas mensuales.

Puede tratarse de un simple gráfico de barras. Es muy importante evitar los gráficos en 3D.

La tercera dimensión no agrega información y confunde los tamaños relativos. Cada vez que veo un gráfico en 3D no puedo dejar de pensar que quien lo diseñó no quiere que la información sea clara (lo cual a veces es cierto).

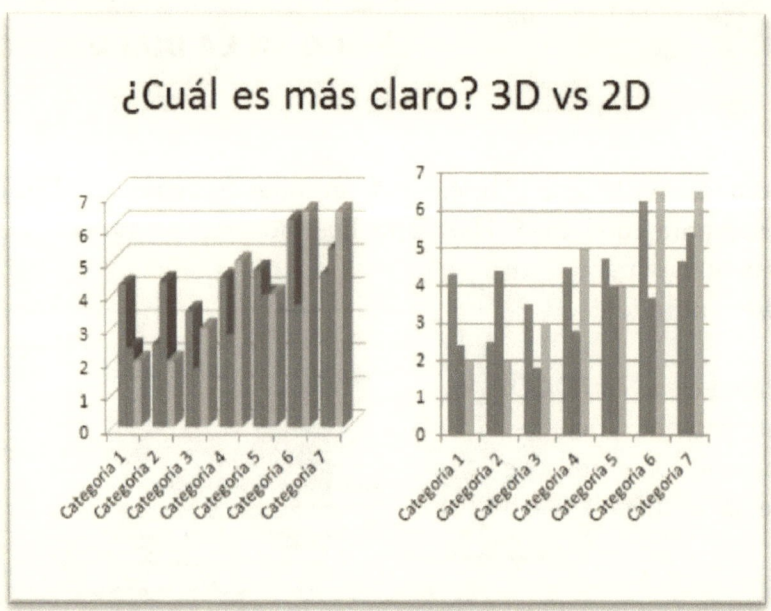

Además, como en general se imprimen en blanco y negro se pierde todo el efecto.

Hay que buscar siempre la simplicidad del mensaje. Lograr el máximo resultado con el mínimo esfuerzo es un principio comunicativo básico y muy eficaz[20].

Opción llamativa: un fondo negro, liso con un "50%" grande, en color blanco.

Aquí el slide funciona como un anclaje visual del relato. Blanco sobre negro,

---

[20] La simplicidad es la máxima sofisticación, frase atribuída a Leonardo Da Vinci.

literalmente. ¿Por qué fondo negro? Si se va a proyectar, los colores claros cansan, llaman mucho la atención. Queremos que la gente se enfoque en el 50%, y no en el fondo.

Opción emotiva: una imagen de palmas aplaudiendo o de un pulgar hacia arriba.

Como en el caso anterior, se trata de un anclaje solo que, además de la mera información, el acento está puesto implícitamente en el contenido afectivo del mensaje. En este caso, *el incremento de las ventas es algo muy positivo*.

Hemos transmitido el primer mensaje (las ventas crecieron un 50%), imaginemos ahora que queremos agregar el siguiente: *Pero el 50% del equipo renunció.*

Opción dramática: es una variedad de la opción emotiva.

Podemos usar el mismo 50% del slide anterior pero reemplazando por rojo el 50% que antes habíamos mostrado en blanco. De esta manera logramos un mensaje especular muy fuerte.

El 50% del crecimiento de las ventas (blanco) se transforma en el 50% de renuncias (rojo). Es un mensaje conciso que enfatiza el contraste.

Una consideración técnica: conviene usar un rojo tenue, de lo contrario el color podría

brillar demasiado durante la proyección. Un buen truco para elegir los colores es mirarlos en la pantalla con los ojos entrecerrados. Si el color se expande demasiado es mejor cambiarlo por uno más suave.

Opción neutra: un chart con la cantidad de gente antes y ahora.

El anclaje visual funciona igualmente pero despojado de connotaciones emotivas.

Opción emotiva: Pulgar hacia abajo.

De nuevo el acento está puesto en una valoración. En este caso, *no es positivo que el 50% haya renunciado*.

Imaginemos ahora este otro mensaje: *quienes llegan temprano producen mucho más que quienes llegan tarde.*

Opción simple: la palabra *temprano* grande y la palabra *MÁS* debajo.

Este es un mensaje potente, sobre todo si combinamos las mayúsculas con las minúsculas.

Opción economista: una matriz de doble entrada, con *Llega temprano SI/NO* en un eje y *Produce más/menos*, en el otro.

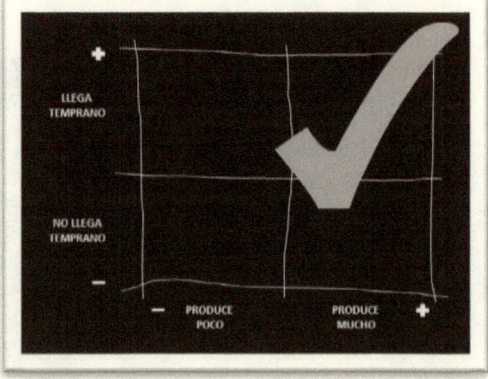

Me han dicho que este tipo de gráficos resultan pedantes y difíciles de entender; a mí me encantan las matrices.

Opción clásica: un gráfico de productividad por empleado, ordenado según el horario de entrada.

Si la información es correcta, el mensaje debería verse claramente. Si no queremos esto, siempre podemos hacerlo 3D o reemplazar las barras por personas que se van estirando.

Opción contador: una tabla de datos, pegada del Excel, con todos los nombres de las personas y valores de productividad.

Es genial si vas a distribuir el ppt (en archivo o papel) y querés discutir detalles. En una pantalla es una falta de respeto al auditorio.

Otros tipos de slides:

Imagen prediseñada (clip-art): aunque te parezca genial, tené claro que el auditorio percibirá que no le dedicaste tiempo ni dinero a la presentación, en Argentina diríamos que es una presentación *berreta*.

Nube de palabras (*wordcloud*): se está comenzando a poner de moda; es muy útil para representar fácilmente el contenido de un texto largo (un libro, comentarios de una encuesta, artículos periodísticos, etc.)

Títulos que aparecen: recomiendo fuertemente resistir la tentación de usar una animación. Lo que yo hago es armar el slide final, y luego copiarla una vez para cada paso e ir borrando de a un elemento. El resultado es el mismo, pero mucho más predecible que las animaciones. Único problema: si la imprimís salen todas las páginas intermedias.

Cualquier otra cosa: no hay límites en lo que se puede poner en un slide para transmitir un mensaje. Un ejemplo concreto es un diagrama dibujado por mi hija y, en una segunda etapa, pintado. Me sirvió mucho para fortalecer el cierre "es un juego de niños".

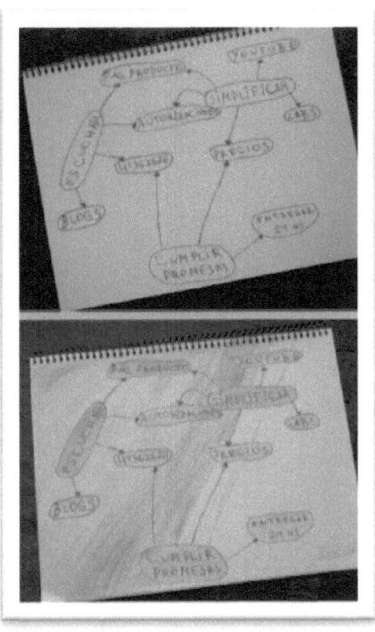

EN EL PRINCIPIO FUE LA REVOLUCIÓN INDUSTRIAL Y DIOS VIO QUE ERA BUENO.

Desde la Revolución Industrial asistimos a una especialización cada vez más acelerada.

Las máquinas creadas por el hombre cumplen cada vez más tareas.

Al hombre le quedan dos funciones específicas: pensar y comunicar.

Es posible que las máquinas logren pronto alcanzar la capacidad de pensar del hombre.

Si esto ocurre, lo propio del hombre será comunicar[21].

Excluido el trabajo mecánico o repetitivo, las organizaciones, las empresas, los clubes, todos tenderán a valorizar cada vez más lo propio del hombre: comunicar emociones.

Las emociones que pueden transmitir:

Un capitán de fútbol, antes de un partido.

Un CEO que nos convence de que lo que vende es mágico.

Un presidente que se propone tranquilizar a su pueblo.

Yo que me propongo transmitirte mi experiencia para que te sea de ayuda.

---

[21] OK, puede ser otra cosa cuando se dé la *Singularidad Tecnológica*. De hecho más vale que me apure en publicar este libro.

¿Qué es lo más importante, entonces, que podemos enseñar?

A interactuar, a socializar, a escuchar y a expresar ideas y sentimientos.

Para todo lo demás está Google.

Bibliografía, pero no tanto

¿Querés leer más? Algunas opiniones y recomendaciones de qué leer... Y qué no.

Really Bad Powerpoints, Seth Godin: **me partió la cabeza.** Leí este texto gratuito en 2006 o 2007 y compré al 100% lo que transmite. Es tan corto y preciso que mejor lo leés YA, en inglés (http://www.sethgodin.com/freeprize/reallybad-1.pdf) o en español (http://officenet.blogspot.com/2007/09/powerpoints-realmente-malos-y-como.html).

Death by Powerpoint, Alexei Kapterev: una presentación que transmite un mensaje sólido por partida doble. Por un lado en su contenido, pero más importante por el hecho de ser consistente con él. Se lee en 10 minutos, aun estando en inglés. Totalmente recomendable. Se puede mirar online en http://www.slideshare.net/thecroaker/death-by-powerpoint

La Expresión Oral, Jorge Fernández: Este es un libro lleno de tips. La verdad no necesité leerlo de corrido, porque hice el curso de Oratoria con Jorge dos veces. La primera, en la UCA (éramos 18 personas: 16 alumnos de Derecho que venían del interior del país, un profesor y yo - un ambiente perfecto para perder la vergüenza). La segunda en Officenet, cuando lo traje para que ayude a todo el equipo. Algunas de las cosas que sostiene están bajo discusión (que el 60% de la comunicación es no verbal, por ejemplo). Igualmente, Jorge logró abrir mi cabeza a entender cómo usar el cuerpo para llegar con un mensaje.

Empresas que Sobresalen, Jim Collins: a pesar de que actualmente hay un "revisionismo" del sentido causal de tipo de estudios (15 empresas lograron esto y tenían A, B y C en común; en consecuencia con A, B y C lograrás eso mismo), aprendí mucho de este autor. En particular, tuve la oportunidad de verlo en Boston en 2006 hablando de su estudio y me sorprendí con lo apasionado de su presentación. Creo que usó un Powerpoint pero no me acuerdo de nada, solo recuerdo su mirada fija en la audiencia, sus manos moviéndose haciendo hincapié en los conceptos y verlo caminar por el pasillo mientras hablaba, para llegar a todos. Una escena en particular me marcó:

"Entrevisté a un CEO de una empresa exitosa y le pregunté cuál fue la clave del éxito. Él me respondió que no sabía... Me dijo: primero alguien tomó una pequeña decisión y las cosas empezaron a moverse lentamente. Otra persona hizo un cambio y la rueda dio otra vuelta. Otra decisión, una vuelta más rápido. Y las decisiones y cambios se iban alineando y acelerando la velocidad de la rueda [giraba las manos como loco a esta altura] y la rueda daba tres vueltas rápidas... Después daba diez vueltas en el mismo tiempo, y todo se seguía alineando y las cosas avanzaban más rápido. Ya había dado cientos de vueltas y cada uno empujaba de nuevo más fuerte y la rueda seguía acelerándose. Y en eso viene una persona y me pregunta: cuál es el inicio del éxito? Qué se yo!!!!!!!"

Going Visual, Alexis Gerard y Bob Goldstein: Con ese nombre tenía que comprarlo, fue en 2006. Además, tenía el prólogo de Guy Kawasaki, uno de los fundadores de Apple y grosso en esto de presentar. **No pude leer el libro**. Me pareció una absurda contradicción que tenga tanto texto. Lo que leí era aburrido y poco útil. Si alguien lo quiere, se lo presto. Si le gusta, se lo regalo.

Presentationzen, Garr Reynolds: un placer de libro. Totalmente contrario a Going Visual, realmente es un libro coherente: muy bien diseñado y con un contenido contundente sobre qué hacer y qué no tanto en un PPT como en un escenario. Esta vez el prólogo de Kawasaki, es contundente, consistentemente Zen y enseña mucho. El libro contiene varios ejemplos concretos y referencias que pueden ser profundizadas online. De hecho, Reynolds publica un blog (con el mismo nombre) altamente recomendable.

slide:ology, Nancy Duarte: Duarte es LA eminencia en lo que a presentaciones se refiere. Trabaja para Google, HP, Cisco, y Adobe, entre otras. Así como debe ser fantástica en lo que hace, no lo es para nada escribiendo libros. slide:ology (minúsculas en el original) es un libro para diseñadores gráficos que quieren hacer PPTs, no para gente que va a transmitir mensajes. Es un libro que no le llega ni a los talones al de Reynolds. Nota de Color: Guy Kawasaki opinó "Ahora que Nancy publicó este libro, cual es tu excusa para tus presentaciones largas, aburridas e inútiles?". Se ve que el nombre de Guy vende, pero que él no lee mucho...

Knockout Presentations, Diane DiResta: Compré este libro cuando me empecé a interesar por aprender más del tema... Y me arrepentí apenas lo hojeé. Me pareció burdo, desprolijo, incoherente con lo que vendía. La tapa misma me pareció ridícula para un libro de negocios y lo dejé de lado. Unos años después lo revisé un poco más y encontré algunos tips interesantes sobre temas tan diversos como el layout de las sillas en una charla o cómo usar pizarras. Interesante: el libro es el único que tengo que habla de "transparencias"... La última vez que usé una fue en 1993, estudiando Economía en la Universidad de Buenos Aires.

The Back of the Napkin, Dan Roam: conceptualmente, brillante. El hecho de que exista un libro (después supe que hay más) 100% dedicado a como transmitir ideas visualmente me partió la cabeza. Me liberó bastante saber que no soy el único que encuentra útil dibujar para transmitir –y recordar- ideas.
Sin embargo, el libro en sí me aburrió - sí, aún con todos esos dibujos. Tiene un método aparentemente muy completo (*"comprehensive"* diría en inglés) para usar dibujos y pensar más claramente, pero no me sirvió. Ya lo releí una vez y alguna cosa nueva tomé, pero me parece demasiado "manual de texto". Tal vez esa era la idea, y es simplemente una referencia. De todas maneras, los ejemplos concretos de sus situaciones son interesantes.
Como nota de color y completando la conspiración de los comentadores de libros, esta vez es Dan Roam quien comentó un

libro de Kawasaki (Reality Check), aunque solo encontré una reseña de The Back of the Napkin hecha por GK... Le debe una!

How to lie with Statistics, de Durrel Huff, es un libro que estuvo en la biblioteca de Santi Bilinkis en Officenet por años. En algún momento lo tomé prestado y lo leí en un par de horas. Es muy importante para poder ser claro a la hora de usar estadísticas y mostrar gráficos. Incluso me sirvió mucho para entender mejor las noticias publicadas en los diarios y cómo un mismo dato puede convertirse en dos opiniones contradictorias. De hecho luego supe que el autor era periodista.

The Little Red Book of Selling, Jeffrey Gitomer: una perla escondida. Un libro divertido, agresivo y distinto que enseña a escuchar y ser escuchado, como principio para vender. Al fin y al cabo una presentación es SIEMPRE una venta. **La venta de una idea**. Todos los que hablamos en público estamos vendiendo, y este libro me ayudó muchísimo a hacerlo mejor (gracias Gabriel Edelberg por la insistencia en que lo lea!).

The Zombie Survival Guide, Max Brooks: probablemente este libro fue el empujón final para animarme a escribir. El libro es muy divertido y, me animo a decir, tiene algo de útil. ¿O acaso sabías que el mejor medio de locomoción en caso de ataque Zombie es la bicicleta, muy superior a ir a pie o en auto? Al fin  y al cabo quien puede asegurar que los zombies nunca existirán? Bueno, este libro me mostró que, con inteligencia y pasión, se puede escribir de cualquier cosa. Me dio valor para encarar este proyecto.

Agradecimientos y Contacto

Muchos años critique a mi vieja porque me hizo la vida muy, pero muy difícil. Me encantaría tener una segunda vida para poder aprovechar más lo que había disponible, en lugar de encerrarme en mi cuarto. Solo de adulto pude ver cuántas cosas buenas había desarrollado en mí.

A mi viejo también lo critiqué mucho… Pero también me dio mucho.

Hay que aceptar que nuestros padres son lo que son.

A mis hijos les debo que todos los días renueve mi interés por vivir, por verlos crecer y por crecer con ellos.

Agradezco también a su madre, compañera muchos años y con quién concreté los mayores cambios de mi vida. Que me haya acompañado a los fichines tantas veces prueba eso.

Tener un hermano psicólogo es una insoportable bendición. Por suerte los dos viajamos en auto mucho y podemos aprovechar esos momentos para filosofar. Espero que aprenda a usar el manos libres pronto, porque lo va a necesitar.

Agradezco también a quién le haya dado una oportunidad a este libro. Escribir es placentero. Que te lean, un orgullo.

Me encantaría recibir feedback, sugerencias, críticas o cualquier otro comentario.

Mi email es leopiccioli@gmail.com, pero también me podés encontrar en Twitter (@LeoPiccioli), y seguramente en la red social del momento.

www.ingramcontent.com/pod-product-compliance
Lightning Source LLC
Chambersburg PA
CBHW030909180526
45163CB00004B/1762